지금의 조건에서
시작하는 힘

HOW TO BE AN IMPERFECTIONIST
THE NEW WAY TO SELF-ACCEPTANCE, FEARLESS LIVING,
AND FREEDOM FROM PERFECTIONISM
by Stephen Guise

Copyright © 2015 by Selective Entertainment, LLC.
Korean translation copyright © 2015 by BOOKHOUSE Publishers
All rights reserved

This Korean edition published by arrangement with Selective Entertainment,
LLC, through Shinwon Agency Co., Seoul

이 책의 한국어판 저작권은 신원에이전시를 통해 저작권자와 독점 계약한 ㈜북하우스 퍼블리셔스에 있습니다. 저작권법에 의해 한국 내에서 보호를 받는 저작물이므로 무단 전재 및 무단 복제를 금합니다.

지금의 조건에서
시작하는 힘

스티븐 기즈 지음 · 조성숙 옮김

북하우스

프롤로그

이게 다 완벽주의 때문이다!

"완벽이 아니라 지속적인 발전을 위해 노력하라."
- 킴 콜린스

완벽주의perfectionism는 완벽하지 않은 것은 그 어떤 것도 받아들이지 못하는 성향을 일컫는다.[1] 나 자신이 완벽주의 성향이 강한 탓에 나는 이런 마인드가 얼마나 파괴적이고 절망적인 영향을 끼치는지 아주 잘 알고 있다.

무슨 일이든 완벽하게 해야 한다고 생각하는 사람들은 대체로 다음과 같은 성향이 있다. 자꾸만 집에 있고 싶어 하고, 기회를 움켜잡지 않으려 하고, 할 일이 있어도 늑장을 피우고, 실제로는 아닌데도 마치 형편없는 인생을 살고 있는 것처럼 느낀다.

인생에 있어서 완벽주의라는 관점은 우리가 진정한 나를 표현하지 못하게 방해할 뿐 아니라, 스트레스를 주고, 좋은 것을 나쁜 것이라고 생각하게 만든다. 또한 그것은 일이 진행되는 자연스러운 방식을 무시하고, 무엇보다 우리의 시작을 가로막는다.

나는 이 책에서 우리 인생에 불완전함imperfection을 받아들이는 방법을 여러분에게 보여주고자 한다. 불완전함은 나쁜 것이 아니다. 그것은 자유다. (확실히 해두자. 결함이 없다는 뜻의 '완벽함'은 나쁜 것이 아니다. 문제는 '완벽주의'다.)

나는 이 책을 통해 완벽주의라는 관점을 벗어던지고 비완벽주의자가 됨으로써 시작하고 행동하는 데 도움이 될 전략에 대해 이야기하고자 한다. 그 전에 우선, 내 첫 책에 나왔던 내용을 잠시나마 언급할 필요가 있다. 우리가 앞으로 헤쳐나갈 여정과 무관하지 않기 때문이다.

작은 습관이 만든 놀라운 결과

내 전작 『습관의 재발견 Mini Habits: Smaller Habits, Bigger Results』은 습관이 작심삼일로 끝나지 않도록 하기 위한 변화 전략에 대해 소개했다. 책에서 제시한 전략의 효과성이 입증되면서 상업적으로도 큰 성공을 거두었을 뿐 아니라, 전략을 실행한 사람들의 인생에도 성공적인 변화를 가져왔다.

『습관의 재발견』이 말하는 전제는 얼핏 보기에는 터무니없을 정도다. 아주 사소해서 긍정적 변화를 불러오기 힘들 것 같은 행동을 매일같이 해야 한다는 것이다. 심신이 탈진한 날에도 무리 없이 할 수 있을 만큼 작은 행동을 말이다.

그 책에서 나는 작은 습관을 수시로 언급했는데, 그것은 하루 건너뛰고 지나가는 것이 오히려 서먹할 정도로 아주 작은 행동이다.

매일 실천할 수 있는 작은 습관의 예는 다양하다. 글 한 줄 쓰기, 책 두 쪽 읽기, 50단어 글쓰기, 잠재고객 발굴을 위한 판촉 전화 한 통 걸기, (네트워크 구축을 위해) 매일 한 명에게 이메일 보내기, 우편물 한 통 보내기 등등 수도 없지만, 콘셉트는 하나다. 하지 않는 것이 오히려 더 어려운 행동 하나를 선택하고 그것이 습관으로 자리 잡을 때까지 계속 실천함으로써 더 큰 행동으로 자라나게 한다는 원리다. 작은 습관에는 한계를 긋는 천장이 없다. '하루에 한 번은 팔굽혀펴기를 한다'는 목표를 세우고 실천하면 어떤 날에는 50번을 하게 될지도 모른다. 작은 목표를 세우면 아무 부담 없이 곧바로 시작할 수 있다.

이 글을 쓰는 현재, 내가 하루에 한 번 팔굽혀펴기를 실천한 지 2년이 조금 넘게 지났다. 나는 작은 습관이 날이 갈수록 계속해서 더 좋은 결과를 가져오고 있다는 사실을 말하고 싶다.

일단, 하루 한 번(또는 그 이상) 팔굽혀펴기를 6개월 넘게 했더니 운동에 대한 거부감이 줄어들었다. 그 이후, 일주일에 3일은 헬스클럽에 가서 운동을 하게 되었고, 5개월이 지나고 나서는 일주일에 5일을 운동하러 나갔다. 1시간 이상 운동할 때도 많다. 이제 내게 운동은 저녁을 먹는 것과 비슷해졌다. 몸이 안 좋거나 다치는 등 예상 못한 이유로 어쩌다 한 번 거를 때도 있지만, 할 수 있는 날에는 절대 거르지 않는다. 지금 내 몸은 내 인생에서 최고의 상태이고, 나는 날이 갈수록 더 건강해지고 있다.

매일 운동하기에 성공한 후 곧바로 매일 두 쪽씩 책을 읽고 하루에 50단어씩 글을 쓰는 작은 습관을 실천에 옮기기 시작했다. 1년여가 지난 뒤에도 목표치를 높이지 않았는데, 그럴 필요가 없었기 때문이다. 나는 여전히 매일같이 책을 읽고 글을 쓰고 있으며, 그때그때 다르지만 결과는 목표치보다 항상 높다. 여기에서 나는 작은 습관들에 존재하는 공통점을 발견할 수 있었다. 작은 걸음일지라도 건강한 방향으로 걷는 꾸준하고 점증적인 걸음은 커다란 결과를 가져다준다는 것을 말이다.

정신적으로도 부수적인 효과가 있었다. 생활방식이 개선되었고, 두려워 움츠러들 만한 상황에서도 앞으로 나아가기 위해 조금씩 발걸음을 떼는 방법을 배운 덕분에 사회생활에서도 자신감이 커졌다. 원래 오랫동안 동면을 해도 끄떡없을 만큼 내성적인데다 사교를 위한 잡담마저도 못하는 사람이었던 내가, 지금은 숫기 없는 성격을 떨쳐내고 사교적인 성격으로 변했다.

내 안락지대comfort zone는 계속해서 확장하고 있다. 운동, 건강식 유지, 글쓰기, 책 읽기, 사교생활에 있어서 나한테 가장 중요한 것을 전보다 훨씬 편한 마음으로(그리고 훨씬 기꺼운 마음으로) 실천한다. 체중 감량은 비포/애프터 사진으로 비교할 수 있지만, 한 해 두 해 작은 습관을 실천할 때 내 자신에게 벌어지는 변화는 사진에 담아내기가 불가능하다는 점이 아쉽다. 3주 또는 30일 프로그램과 달리 작은 습관 실천 프로젝트는 라이프스타일을 영구적으로 바꾸는 변화다. 한 번도 빼먹지 않고 2년 동안 꾸준히 실천했더니 내게 그런 변화가 일어난 것이다.

나는 지난 2년간, 그 전 10년 동안 이룬 것보다 더 많은 개인적 발전을 이루었다. 내 삶을 향상시키기 위해 여러 차원에서 꾸준히 작은 습관을 실천한 덕분이었다.

작은 습관으로 알게 된 시작의 비밀

작은 습관을 실천하던 나는 어떻게 내 안의 완벽주의자를 몰아내고 비완벽주의자로 거듭날 수 있었을까? 그에 관한 구체적인 일화가 하나 있다. 하루는 마트에 가는데 마침 내가 다니는 헬스클럽이 바로 그 옆이었다. 헬스클럽을 발견하자 운동을 하고 싶었지만,

두 가지가 마음에 걸렸다. 첫째, 운동복이 없다는 것. 입고 있는 옷은 헬스클럽에서 운동을 하기에는 적당하지 않았다. 둘째, 손가락이 골절된 상태라는 것. 나는 주로 바벨을 이용한 웨이트 트레이닝을 하기 때문에 다친 손가락으로는 운동을 제대로 할 수가 없었다. 운동을 하지 않아도 될 아주 훌륭한 변명거리가 아닌가!

예전의 나였다면 이것은 전형적인 "다음에 운동해야지" 상황이었다. 하지만 나는 달라졌다. 그런 상황에서까지 꼭 운동을 해야 하나 싶기도 했지만, 생각해보니 언제든 할 수 있을 때 하는 것도 나쁘지 않았다. 그날 나는 하체 운동, 삼두근 운동, 가슴 운동을 했다. '특별하지 않은' 이런 운동도 괜찮다고 받아들였더니 나는 그 불완전한 상황에서도 꽤 훌륭하게 운동을 할 수 있었다.

내 안의 완벽주의자는 운동을 할 수 없는 두 가지 강력한 이유를 인식했지만, 내 안의 비완벽주의자가 아주 약간이라도 전진할 수 있는 기회를 보았고, 나는 그 기회를 선택한 것이다.

인생이 이런 작은 결심으로 이루어진다는 사실을 깨닫지 못하는 사람들이 많다. 보통 "살을 뺄 거야"나 "책을 쓸 생각이야"와 같은 커다란 결심만 중요하다고 생각한다. 이런 큰 결심은 다 이루었을 때의 의미도 남다르다는 이유에서다. 그러나 지난날을 돌이켜 기회로 다가왔던 수천 번의 순간들을 떠올려보자. 그때 그 행동을 했더라면 그것들이 쌓이고 쌓여 지금쯤은 한 분야를 정복하게 되었을지도 모른다. 우리 인생의 대부분을 차지하는 것은 이런 작은 결심들(그리고 하지 않은 행동들)이다.

우리는 완벽주의를 몰아내는 데 작은 습관이 왜 중요한지를 이해해야 한다. 작은 습관은 아주 작고 사소한 행동이어서 완벽주의자들이라면 그 진가를 인정하지 않을 것이다. 그러나 완벽주의자도 한 번쯤 시도하는 것을 고려해봐도 아무 지장이 없을 만큼 아주 작은 행동이라는 점이 작은 습관의 핵심이다. 즉, 작은 습관을 기본으로 완벽주의를 몰아내기 위한 해결책을 제시하는 것이 이 책의 주요 골자다.

시작을 방해하는 완벽주의를 이해하려면 완벽주의에 대해서 자세히 다뤄야 한다. 문제를 해결하기 위해서는 그 문제를 철저히 이해해야 하듯이 말이다. 완벽주의처럼 복잡한 문제라면 더욱 그렇다.

완벽주의에 대한 책들을 조사했는데, 나는 올바른 해결책을 제시하는 책은 하나도 찾지 못했다. 대체로 완벽주의자의 징후를 아주 공들여 자세히 설명할 뿐, 문제를 바로잡을 수 있는 구체적인 해결책을 제시하는 데는 별로 초점을 맞추지 못하고 있었다. 나는 다른 일에서도 그렇지만 이 책에도 목표를 정했다. 재미있으면서도 교육적이고, 창의적이면서도 실생활에서 어렵지 않게 해볼 수 있는, 무엇보다도 지속적인 변화를 가능하게 해주는 실천 가이드를 만들겠다는 것이 이 책의 목표다.

비완벽주의로 향하는 여행

미리 말해두자면, 이 책을 읽다 보면 앞부분은 이런저런 수다만 잔뜩 떨고 현실적인 조언이 부족하다고 생각할 수도 있다. 나는 여러분이 부담 없이 즐겁게 책을 읽었으면 하는 마음에 일부러 그런 구성을 택했다. 이 책은 본문 중간에 나오는 해결책을 하나도 빠짐없이 기억하고 실생활에 어떻게 적용할 것인지 고민하면서 읽을 필요가 없다. 각 장의 마지막 부분에 해결책과 응용법을 따로 정리해놓았다. 해결책으로 제시한 개념을 이해하기 쉽도록 자세히 정리하고, 실생활에 적용 가능한 행동 솔루션도 요약해두었다.

이해와 응용은 별개의 과정이기에 이렇게 진행하는 것이 논리적으로도 맞다. 우리는 먼저 큰 그림을 이해해야 한다. 그런 다음 큰 그림에 대한 이해를 현실에 적용 가능한 것으로 바꿔야 한다.

이 책은 일종의 비완벽주의로 향하는 여행과도 같다. 다음은 그 여행길의 지도다.

1장: 무엇이 우리가 시작하고 행동하는 것을 방해하는가? 그 중심에는 완벽주의가 있다. 완벽주의 개념을 살펴보고, 오늘날 대부분의 사람들이 어쩌다 완벽주의자가 되는지 그 이유를 알아본다.

2장: 제대로 해야 한다는 생각이 어떤 문제를 일으키는지 알아본다. 그리고 동기부여가 해결책이 될 수 없는 이유도 제시한다.

3장: 완벽주의를 버릴 때 우리는 더 행복해질 수 있으며, 성공에 더 근접할 수 있다. 3장에서 그 이유를 명쾌하게 설명한다.

4~8장: 제대로 하려다 시작조차 못하는 사람들을 다섯 유형으로 분류하고, 맞춤 솔루션을 제시한다. '목표가 너무 높아서', '과거의 실패가 발목을 잡아서', '타인의 허락이 필요해서', '실수할까 봐 두려워서', '어차피 해도 잘 안 될 것 같아서' 사람들은 시작하지 않거나 시작하지 못한다. 그러나 작은 습관과 결합한 행동 전략을 통해 이런 생각의 함정에서 벗어날 수 있다. "완벽해지려고 노력하지 마라"라는 말을 따르는 것보다 과녁을 정확히 겨냥하는 조언을 따르는 것이 훨씬 더 도움이 될 것이다.

대다수 책은 우리에게 300가지 훌륭한 조언을 말한다. 책 이곳저곳에 무작위로 흩어진 조언들을 보다 보면 300개나 되는 변화를 하룻밤에 다 실천할 방법이 있기는 한지 의문이 든다. 힌트를 주겠다. 그런 방법은 당연히 없다! 실행은 개인의 성장에서 가장 힘든 부분이고, 그렇지 않다면 소원 목록이 성취 목록보다 그토록 길 리가 없다. 그렇기에 나는 이 책이 여러분의 실행에 크게 도움이 될 것이라고 자신한다.

하품이 절로 나오는 따분한 책은 안 되게 하려고 최선을 다했다. 혹여 내 노력이 실패했다면 우리에게는 커피가 있다.

차례

프롤로그 이게 다 완벽주의 때문이다! 4

 **Chapter 1**
시작을 망설이는 당신은 완벽주의자다

완벽주의는 자랑거리가 아니다 22
망설임의 이면에 있는 다섯 가지 생각 25
모든 게 완벽해야 시작하는 사람들 29
완벽주의자가 되기에 딱 좋은 환경 34
보호막을 필요로 하는 인간의 심리 40
당신은 어떤 종류의 완벽주의자인가 46

 **Chapter 2**
완벽주의가 왜 인생에 독이 될까?

건강한 완벽주의자는 완벽을 추구하지 않는다 50
사람들이 TV를 그토록 많이 보는 이유 54
깐깐할수록 성과가 줄어든다? 57
왜 변명부터 늘어놓는가 59
넘어져도 씩씩하게 일어나 다시 걸어라 61
|여기서 잠깐!| 동기부여는 왜 해결책이 될 수 없는가 66

Chapter 3
'제대로'라는 생각을 버릴 때 얻게 되는 것들

나약함을 온전히 인정하면 어떻게 될까 83
사람들의 호감과 신뢰 얻기 86
비완벽주의자의 성공 프로세스 90
지금 하고 있는 일에만 집중하라 94
|핵심 솔루션| 완벽주의 버리기 연습 100

Chapter 4
눈을 낮추고 지금에 만족할 줄 안다

기대치가 감정을 좌우한다 107
오늘을 충분하다고 느끼는 첫날로 삼아라 112
완벽한 시나리오는 없다 117
과정에 집중할 때 얻는 효과 120
|핵심 솔루션| 완벽한 목표에 집착하다 좌절하는 사람을 위한 4가지 행동 법칙 131

Chapter 5
과거의 실패를 곱씹지 않는다

과거의 잘못을 두고두고 생각하는 사람들　138
우연과 실패의 대응법　144
'했어야 했는데'가 아니라 '할 수 있었는데'　151
과거에서 벗어나 지금 바로 행동하라　157
즉각적 행동을 이끄는 타이머의 마법　159
과거 곱씹는 버릇 뒤집기　166
|핵심 솔루션| 과거에서 벗어나지 못하는 사람을 위한 5가지 행동 법칙　171

Chapter 6
타인의 시선에서 자유로워진다

자신감을 기르는 세 가지 방법　178
현실에 맞게 기준점을 수정하라　185
허락을 받아야만 움직일 수 있는가　189
당혹감과 창피함을 견뎌라　191
세상과 나를 분리시키기 위한 작은 반항 습관들　194
|핵심 솔루션| 타인의 허락 없이는 아무것도 못하는 사람을 위한 4가지 행동 법칙　203

Chapter 7
더 이상 실수가 두렵지 않다

실수할지도 모른다는 두려움　211
현대인을 괴롭히는 가면 증후군　213
완벽한 성공이 가능한 디지털 사고법　222
내 인생의 터닝포인트가 되었던 순간　228
실수에서 배우고 앞으로 나아가라　235
작은 습관과 디지털 사고 결합시키기　238
성공은 조금씩 진행되는 것이다　241
| 핵심 솔루션 | 실수할까 두려워 시작하지 못하는 사람을 위한 4가지 행동 법칙　247

Chapter 8
어차피 안 될 거란 생각에서 벗어난다

예상은 그저 예상일 뿐이다　254
선택 앞에서 방황하게 되는 이유　258
인생은 결함투성이 선택으로 이루어져 있다　264
빠른 결정, 빠른 실행력이 답이다　269
빠른 결정 내리기 연습 4단계　272
정보보다 자신을 믿어라　277
양은 질로 가는 길이다　281
| 핵심 솔루션 | 결과를 예상하고 행동하지 않는 사람을 위한 3가지 행동 법칙　286

에필로그 이제 당신은 새롭게 시작하는 사람이 된다　290
주　303

Chapter 1

시작을 망설이는 당신은 완벽주의자다

"당신을 끊임없이 다른 무언가로 바꾸려 하는 세상에서는
나다움을 유지하는 것이 가장 큰 업적이다."

— 랠프 월도 에머슨

가장 정확하고 기술적이며 문자 그대로의 의미로만 봤을 때, 순수한 완벽주의자는 현실 세계에서는 전혀 기능적으로 움직이지 못하는 사람이다. 이 말에 당신이 긍정의 의미로 고개를 끄덕일지라도 진심으로 동의하는 것은 아닐 것이다. 대부분의 사람들이 완벽주의자로 살아가고 있으며, 그런 탓에 최적의 인생을 살지 못하고 있기 때문이다.

- 결정을 내리기 힘들었던 적이 있는가? 완벽주의 때문이다.
- 사교적인 대화를 나눠야 하는 상황에서 겁을 먹고 위축되었던 적이 있는가? 완벽주의 때문이다.
- 늑장을 부린 적이 있는가? 완벽주의 때문이다.

- 쉽게 우울해지는가? (아마도) 완벽주의 때문이다.
- 자긍심이 낮은가? 완벽주의 때문이다.

완벽주의는 우리 인생에서 완전하지 못한 부분을 따분하고 무섭고 건너뛰지 못할 장애물로 바꿈으로써 최악의 정신적 문제를 유발한다. 현실과 이상 사이의 괴리로 인해 완벽주의자는 꽁꽁 얼어붙고 만다. 그러다 보니 앞으로 나아가며 인생을 즐기는 능력마저도 줄어드는 것이다. 비완벽주의자가 될 때 우리는 세상의 결정적 특징인 불완전함을 참고 받아들일 수 있다.

다행스럽게도 완벽주의가 영원불변한 것은 아니다. 우리는 스스로를 바꿀 수 있다. 단, 그러기 위해서는 적절한 전략이 필요하다. 완벽주의를 치료할 적절한 전략을 갖추기에 앞서 먼저 문제의 근원을 탐구해야 한다.

완벽주의는 자랑거리가 아니다

"내가 좀 심하게 완벽주의자야." 우리는 자기 입으로 이런 말을 하기도 하고, 남의 입으로 듣기도 한다. 우리는 완벽주의를 마치 큰 흠인 양 말하면서도 내심 그런 성격을 자랑스러워한다. 이런 말을 할 때면 보통 미소를 짓거나 웃는다. 완벽주의는 '긍정적인 단점'이라는 인식이 강한 탓에, 인터뷰에서 "본인의 최대 단점은 무엇입니까?"라는 질문을 받았을 때 "저는 완벽주의자인 것이 단점입니다"라는 답변은 후한 점수를 받을 만한 답이 되기도 한다.

완벽주의자는 완벽하게 행동하고, 완벽하게 비춰지고, 완벽하다고 느끼기를 갈망한다. 표면적으로야 완벽주의가 자랑스러워할 만한 특징처럼 보이지만, 거기에 내포된 진짜 의미를 파헤친다면 전혀 그렇지 않다. '완벽'과 '비완벽'에 '주의$_{ism}$'가 더해지는 순간, 원래 어근이 지닌 자연스러운 의미가 뒤집어지고 전혀 다른 개념이 탄생하고 만다. 완벽주의는 완벽하기는커녕, 비합리적이고 심하게 걸리적거리고 제한적이고 심지어는 목숨까지도 위협한다(거식증과 우울증, 자살이 단적인 예다).

완벽주의가 실제로 인간에게 얼마나 파괴적인 영향을 미치는지 제대로 이해한다면 완벽주의자를 자칭하면서 뿌듯해하지는 못할 것이다. 우리 모두는 어떤 점에서는 다 완벽주의자이기 때문에 스스로를 그렇게 칭하는 사람을 함부로 판단할 수는 없다. 그러나 우리가 마치 아름다운 액세서리인 양 과시하는 "내가 좀 심하게 완벽주의자야"라는 말은 사실 흉하게 벌어진 상처에 불과하다.

바로 이 점이 중요하다. 이 책을 읽고 완벽주의를 내던졌을 때 얻게 될 자유와 변화의 기쁨을 알게 된다 해도 그것만으로는 충분하지 않다. 다시 말해, 사고의 틀을 완전히 바꿔서 완벽주의를 피해만 입히는 열등한 마인드라고 생각하지 않는다면, 앞으로도 여전히 완벽주의를 최고의 특징으로 바라보는 착각에 계속 빠진 채 원하던 변화를 이루지 못할 것이다.

완벽주의가 야기하는 심각한 문제 몇 가지는 흔히 다른 명칭으로 진단되곤 한다. 예를 들어 완벽주의는 중독과 같은 여러 가지 문제로 이어질 수 있는 우울증의 아주 흔한 원인이다. 완벽주의의 대표적인 예가 완벽한 체중 내지는 완벽한 체형에 도달하려는 욕구인 거식증이다. 거식증은 가장 위험하고 치료도 굉장히 힘든 정신장애 중 하나로 손꼽힌다. 정말 무섭지 않은가? 그러니 완벽주의를 대수롭지 않게 여겨서는 안 된다. 완벽주의는 마음의 질환이다.

사실이 이렇더라도 나는 이 책을 무겁게 끌고 나갈 생각은 없다. 너무 많은 사람이 완벽주의를 아무렇지 않은 것으로 여기고 있기에, 나 역시 그런 분위기를 택할 수밖에 없었다. 완벽주의로부터 자유로워지려면 이 비밀스러운 친근감을 없애버려야 한다.

완벽주의는 사기꾼이자 협잡꾼이다. 고른다는 것이 하필이면 최악의 마인드가 걸려든 것이다. 반대로, 비완벽주의는 진짜배기다. 이 책을 읽고 나서 어쩌면 당신은 "내가 좀 심하게 비완벽주의자야"라고 말하게 될지도 모른다.

망설임의 이면에 있는 다섯 가지 생각

비완벽주의자가 되기 위한 방법을 알려주기 전에, 우선 완벽주의를 해체하고 그것을 이루는 각 부분을 검토해야 한다. 이미 완벽주의를 이해하기 위한 학문적 토대는 훌륭하게 잘 닦여 있다. 문제는, 완벽주의를 나누고 쪼개는 방법에 대한 일반적 합의가 부족하다는 사실이다.

1990년에 랜디 프로스트Randy Frost 교수는 '프로스트 다차원적 완벽주의 척도'(이하 프로스트 척도―옮긴이)라는 방법을 개발했다.[2] 프로스트는 완벽주의를 측정하기 위해 여섯 가지 세부 기준을 만들었다.

- 실수할지도 모른다는 염려
- 개인적 기준
- 부모의 기대
- 부모의 비난
- 행동에 대한 의심
- 조직화

1991년에는 폴 휴잇Paul Hewitt과 고든 플렛Gordon Flett이 프로스트 척도를 바탕으로 완벽주의의 근원을 세 가지로 구분한 뒤 완벽주의를 측정하는 45개 항목을 정했다. 휴잇과 플렛이 말하는 완벽주의의 세 가지 근원은 다음과 같다.[3]

- 자기 지향 완벽주의: 자기 자신에게 비현실적 기준과 완벽해져야 한다는 동기를 부여한다.
- 타인 지향 완벽주의: 타인에게 비현실적 기준과 완벽해져야 한다는 동기를 부여한다.
- 사회 부과 완벽주의: 사회에서 중요한 위치에 있는 타인들이 내가 완벽해지기를 기대한다고 생각한다.

프로스트의 모형과 휴잇-플렛 모형을 결합하면 어떨까? 2004년에 애팔래치아 주립대학의 로버트 힐Robert Hill을 비롯한 연구진은 두 모형을 취합해 분석하고 자체 연구를 수행한 후 새로운 모형을 만들었다. 새 모형에 따르면 완벽주의는 크게 신중형 완벽주의와 자기 평가형 완벽주의라는 두 가지 범주로 나뉜다.[4]

1. 신중형 완벽주의
- 조직화

- 탁월해지기 위한 노력
- 계획을 세우는 능력
- 타인에게 높은 기준 적용

2. 자기 평가형 완벽주의
- 실수할지도 모른다는 염려
- 인정받고 싶은 욕구
- 부모의 압박에 대한 인식
- 과거 곱씹기

복잡하게 갈라진 개념 같지만 결국 뿌리는 하나, 완벽주의다. 짐작다시피, 위의 모형 중에서 완벽주의의 개념을 정확하게 다 포괄하는 것은 하나도 없다. 학자들은 완벽주의의 측정 모형을 만드는 데 중점을 뒀다. 그러고는 이 측정 모형을 통해 완벽주의라는 단어를 정의하고 완벽주의의 문제점을 설명하려 노력했다. 아쉽게도 해결책 마련에는 소홀했지만 말이다.

이 책에서는 완벽주의의 기술적 의미를 파헤치지는 않을 것이다. 그보다는 문제의 해결책을 찾는 데 초점을 맞추고자 한다. 그리고 "이 정보를 통해 만들어낼 수 있는 가장 논리적인 행동은 무엇인가?"라는, 언제나 내가 흥미롭게 생각하는 질문을 던질 것이다.

나는 위의 학문적 연구를 토대로 완벽주의에서 가장 중요하고 심각하게 보아야 한다고 생각하는 유형을 다섯 가지로 좁혀보았다. 여기에는 완벽주의의 개념에서 얼마나 '핵심'을 차지하고 있으며 얼마나 '고칠 수 있는가'에 대한 내 나름의 생각이 반영되어 있다.

- 비현실적 기대 = 내가 과연 저 목표를 달성할 수 있을까?
- 과거 곱씹기 = 과거에 실패한 기억에서 벗어날 수 없어.
- 인정받고 싶은 욕구 = 남들이 어떻게 생각할까 두려워.
- 실수할지도 모른다는 염려 = 실수하면 어쩌지?
- 행동에 대한 의심 = 어차피 해도 안 될 텐데 뭐.

시작을 방해하는 이 다섯 가지 생각을 표적 삼아 펀치를 날릴 것이다(각 생각에 대한 해결책은 4~8장에 차례대로 나온다).

나는 '탁월해지기 위한 노력'이나 '조직화'와 같은 좋은 형태의 완벽주의는 제외시켰다. 그런 완벽주의는 문제가 되지 않을뿐더러 해결하고 말고 할 필요도 없기 때문이다. 솔직히 나는 그런 특징은 완벽주의로 분류할 생각도 없다. 왜 그런가에 대해서는 뒤에서 말할 것이다. 문제를 단순화시키기 위해 완벽주의를 측정하는 하위 기준 몇 가지도 배제했다.

지금부터 그토록 많은 사람이 완벽주의에 푹 빠진 이유가 무엇인지 알기 위해 완벽주의자의 정신세계 속으로 들어가보자.

모든 게 완벽해야 시작하는 사람들

완벽주의는 아이스크림과 비슷하다. 모양도 맛도 각양각색이지만 아이스크림의 기본 재료는 어차피 다 우유와 설탕인 것처럼, 완벽주의의 모든 특징을 완벽히 압축해서 설명하기는 어렵지만 전체적인 특성을 논하는 것은 가능하다.

사람들은 세 가지 기준에서 완벽해야 한다고 생각한다. 바로 상황과 질, 양이다.

상황이 완벽해야 해!

상황이 완벽해야 한다고 생각하는 완벽주의는 실행에 옮길 수 있는 상황의 수를 줄인다. 운동의 예를 들어 상황이라는 것을 자세히 쪼갤 수 있다.

장소: 누구든지 결심만 확고하다면 교회에서건 파티에서건 도로를 달릴 때건 운동할 방법을 찾아낼 수 있다. 이런 곳들은 운

동에 적합하다고 쉽사리 떠올리지 못하는 장소이지만 그럴지라도 운동하기 힘든 곳도 아니다. 차 안에서는 양손을 아래로 늘어뜨린 자세에서 상체만 숙였다 올리는 푸시업을 할 수 있다. 이 운동은 복부 근육 단련에 도움이 된다. 또 의자에 앉은 자세에서는 무릎을 올렸다 내리는 운동을 할 수 있다. 우리 가족은 도로를 달리다가 휴게소에 들르면 차에서 내려 틈틈이 팔벌려뛰기를 하곤 했다.

시간: 운동은 반드시 오후 4시 전에 해야 한다고 생각하는가? 그렇다면 운동할 수 있는 시간이 크게 줄어든다. 특히 저녁 6시가 넘어서 퇴근하는 직장인이라면 더더욱 그런데, 직장인들이 운동할 마음이 드는 시간은 출근 전이나 근무 도중이기 때문이다. 밤 9시 이후가 이상적인 운동 시간은 아닐지 몰라도 그때밖에 시간이 되지 않는다면 나는 그 시간에 운동을 해도 상관없다고 생각한다. 밤 9시 이후라는 이상적이지 않은 시간에 운동을 하는 것은 운동을 전혀 하지 않는 것보다는 낫지 않을까?

준비물: 헬스 장비와 운동복을 완벽하게 갖춰야만 제대로 운동을 할 수 있다고 생각하는가? 운동을 위한 필수 장비는 단 하나, 우리의 몸이다. 완벽주의자가 아닌 이상 몸만 있으면 충분하다.

질적으로 완벽해야 해!

이것은 모두가 익히 잘 아는 완벽주의의 유형이다. 이런 종류의 완벽주의 성향이 있는 사람은 질적으로 아무 흠도 없어야 한다는 욕망에 스스로를 광적으로 몰아붙인다. 보통은 직장에서 가장 흔히 목격되지만, 가족생활에서도 굉장히 큰 부분을 차지한다. 한 예로, 청결에 강박이 있는 사람(결벽)이나 완벽한 성적을 받지 못한 것을 참지 못하는 학생을 들 수 있다.

양적으로 완벽해야 해!

대개 사람들은 완벽주의라고 하면 질적인 측면의 완벽주의를 생각한다. 완벽한 머리 모양, 완벽하게 나누는 사교적인 대화, 먼지 하나 없이 완벽하게 정리된 책상 등을 떠올린다. 하지만 완벽주의에는 완벽한 질이나 상황을 추구하는 것보다도 더 파괴적이지만 굉장히 보편적으로 인정되는 탓에 레이더망을 교묘히 피하는 트릭이 존재한다. 바로, 규모 면에서 완벽해야 한다는 생각이다. 이런 종류의 완벽주의에 대해서는 제대로 된 분석이나 설명이 없다. 목표로 정한 크기가 완벽주의를 강하게 나타내는 지표 중 하나인지 아닌지가 확실하지 않기 때문이다.

완벽주의에 발목이 잡힌 사람들이 얼마나 될 것 같은지 내 생각을 묻는다면, 내 대답은 세상 사람들의 95퍼센트 이상이다. 그만큼 많은 사람들이 양적인 완벽함을 추구한다는 뜻이다. 양적인 완벽주의에 사로잡힌 사람은 자신이 기준으로 정한 숫자에 미치지 못하면 결코 행동의 결과에 만족하지 못한다.

거의 모든 사람이 주위 사람이 정한 목표의 크기를 그대로 모방하고, 그런 식으로 자신도 모르게 완벽주의자가 되는 훈련을 한다. 15킬로그램 감량, 올해 안에 책 한 권 집필 끝내기, 억대 연봉 벌기, 일주일에 책 한 권 읽기 등 우리가 말하는 모든 '정상적인' 목표는 양적인 측면의 완벽주의다. 불가능한 목표는 아니지만 완벽주의에 사로잡힌 목표다. 그것보다 적게 이루는 것은 충분하지 않다는 뜻을 은연중에 내포하기 때문이다. 나 역시 완벽주의자였던 시절에는 운동을 적어도 20분은(가능하다면 30분 이상) 해야 성에 찼다.

여기서 목표라는 것은 장대높이뛰기와 비슷하다. 막대에 도달하지 못하면 무조건 실패이고, 막대 위를 넘어야만 성공이다. 얼마나 높게 뛰었는지는 중요하지 않고, 막대를 넘었는지 아닌지만 중요하다. 목표에 대한 이런 극단적인 생각이 우리로 하여금 목표에 도달하고 그것을 뛰어넘도록 동기를 부여해주지만, 이런 식의 사고는 완벽주의라는 문제점을 더욱 악화시키는 열등한 전략이다.

팔굽혀펴기를 하루에 세 번씩 한다고 자랑스레 말하는 사람을 본 적이 있는가? 빚을 30퍼센트 정도 줄이고 싶어 하는 사람을 위한 웹사이트는 왜 없는 것인가? 유행하는 운동 프로그램 중에서 초고도비만인 몸매를 고도비만으로 개선시켜준다고 약속하는 것이 있는가?

사실 그만큼만 해도 의미 있는 발전이지만 그런 사람이나 프로그램은 평생 가야 만나기 힘든 것이 현실이다. 우리는 부분적인 성공을 '실패'로 여기며 그 뜻마저 바꿔버리는 치명적인 오류를 저지른다. 완전하고 완벽한 성공이 아닌 이상, 우리가 그런 작은 성공에서 느끼는 것은 기껏해야 당혹감이고 심하면 모욕감이다. 이것을 단순히 비합리적인 생각이라고만 치부해서는 안 된다. 그런 생각은 우리의 발전과 건강과 행복에 치명적인 악영향을 끼친다! 완벽주의자는 작은 가치나 작은 전진을 받아들이지 못한다. 그들은 오로지 크고 흠 하나 없고 완벽한 성공만을 원한다.

성공과 실패를 분명하게 구분하고 양적으로도 큰 목표를 정하는 태도가 사회 전반에 퍼져 있다. 한마디로 완벽주의가 극단에 달해 있는 것이다. 그래서 이른바 '정상적인' 목표를 정하는 행동 자체가 완벽주의라고는 생각하지 못한다. 솔직히 말해, 정상의 기준점이 극단에 가 있는 꼴이다.

양적으로 완벽한 성취를 이루려는 마음은 가장 파괴적인 형태의 완벽주의다. 그것이 문제인지도 모르는 탓에 고칠 수도 없고 고칠 생각조차 들지 않기 때문이다. 사람들은 15, 25, 혹은 45킬로그램 이상 감량하겠다는 목표를 세우는 것을 당연하게 여긴다. 자기 멋대로 큰 숫자를 목표로 정하는 사람을 보면서도 아무도 그 사람을 '완벽주의자'라고는 생각하지 않는다. 하지만 무턱대고 정한 커다란 목표를 이루지 못하는 순간 우리는 죄책감과 수치심에 빠지고 과거의 자신으로 회귀한다.

지금까지 우리는 완벽주의의 세 가지 유형을 살펴봤다. 완벽주의가 무엇인지 알았으니, 이제부터는 우리를 완벽주의에 빠지게 만드는 기본적인 이유를 살펴보자.

완벽주의자가 되기에 딱 좋은 환경

완벽주의는 처음부터 온전히 드러나는 대신에 다른 형태의 문제로 먼저 증상을 보이기도 한다. 완벽주의를 불러오는 근본 원인을 살펴보면 네 가지 정도다.

스스로에 대한 불안감

자기 자신에 대한 믿음이 확고한 사람은 무슨 일이든 긍정적인 쪽으로 생각하는 경향이 있기 때문에 완벽주의에 매몰되지 않는다. 이런 사람은 자신의 부정적인 면을 생각하기 전에 긍정적인 점부터 생각한다. 아주 간단한 예를 들어보자. 자신에 대한 믿음이 큰 사람은 사격을 할 때 열 번 중 다섯 번을 명중시켰다면 과녁을 다섯 번 놓친 것보다 다섯 번 명중시킨 것에 초점을 맞춘다. 이런 사람들은 완벽주의자와 달리 자신의 부족한 부분에 집착하지 않는다.

십대 시절, 나는 얼굴에 여드름이 너무 많아 거의 분화구 수준이었다. 학교 친구 하나는 내 턱에 난 여드름을 보고 '턱수염'이라며 놀려댔다(그 친구는 놀라우리만치 곧이곧대로 말하는 친구였다). 그 시절의 나는 남의 시선을 의식하는 수준으로 치면 지구상에서 다섯 손가락 안에 꼽힐 정도였다. 다 여드름 탓이었다. 훗날 여드름이 가라앉고 피부가 깨끗해진 후 과거의 나처럼 여드름이 심한 사람을 만난 적이 있었는데, 자신감이 넘치고 남의 눈을 의식하지 않는 그의 모습에 나는 뒤통수를 얻어맞은 것 같았다. 티 나게 드러나는 결점이 한 가지 있다고 해서 괜히 기죽고 불안해할 필요가 없다는 사실을 그가 보여주었다. 피부가 완벽하지 않다는 이유만으로 남을 의식해야 한다는 법칙은 세상 어디에도 없었다.

무언가로 인해 스스로에 대한 자신감이 없고 자꾸만 위축된다면, 세상에는 똑같은 문제를 안고도 얼마든지 자신감을 가지고 행복하게 사는 사람이 있다는 사실을 기억하기 바란다. 그런 사실을 마음에 새기는 것만으로도 위안이 되고 힘이 생길 것이다.

열등감

구글 사전은 '열등감 inferiority complex'을 이렇게 정의한다. "자신에게는 능력이 없다고 느끼는 비현실적인 감정. 한 영역에서 실제로든 가상으로든 남보다 열등한 것이 원인이며, 그 보상으로 공격적 행동을 보이기도 한다."

일반적으로 말해 열등감이 있는 사람은 둘 중 한 가지 반응을 보인다. 남보다 '우월해' 보이기 위해 기를 쓰고 노력하거나(정말로 노력하는 것일 수도 있고 노력하는 척만 하는 것일 수도 있다), 조개처럼 입을 꾹 다문다. 두 가지 모두 비논리적 시각에 대한 논리적 반응이다. 자신의 어떤 부분이 남보다 뒤떨어진다고 심각하게 믿는 사람은 당연히 위협을 받은 복어처럼 행동(겁주기)하거나 거북이처럼 행동(숨기)할 수밖에 없다.

스스로를 낮게 생각하는 경향이 강할수록 과도한 보상을 추구하는 성향이 강해진다. 공격적이거나 외향적인 성격이라면 열등감은 일반적으로 복어 반응을 일으킨다. 수동적이고 수줍음이 많은 성격이라면 거북이 반응이 일반적이다.

자신을 남보다 열등한 존재라고 생각하는 것은 스스로나 타인을 부당하게 평가하는 것이나 마찬가지다. 남들을 흠 없는 완벽한 존재라고 생각하는 것일 수도 있고, 아니면 자신을 평균에도 못 미치는 존재라고 생각하는 것일 수도 있다(둘 다인 경우도 있다). 남들을 무조건 높게 평가해서 그들의 수준에 맞추기 위해서라도 완벽해지려고 하거나, 자신을 평균 이하라고 평가해서 평균이라고 생각하는 것에 도달하기 위해 완벽해지려고 한다. 어느 쪽으로 행동하건, 열등감의 바탕에는 부당한 기준과 뒤틀린 인간관이 깔려 있다는 점에서 어차피 마찬가지고, 그렇기 때문에 완벽주의자처럼 행동하게 된다.

자존감이 낮은 사람일수록 자신을 가혹하게 대한다. 열등감은 부정적으로 생각하는 경향을 강화시킨다. 그 어떤 실수도 부정적 감정을 확인시켜주는 빼도 박도 못하는 증거로 부풀리고, 단 한 번의 작은 잘못도 재앙처럼 여긴다. 불안감과 열등감으로 인해 자신의 결점에 지나치게 과민반응하기도 한다. 단단히 조심하면 실수를 저지르지 않을 것이라는 생각을 고집하는 자체가 마음에 거짓된 안심을 선사한다.

그러나 진정한 마음의 위안은 지금의 자신을 있는 그대로 받아들일 때 얻을 수 있다. 결점까지 포함해 자신의 본모습을 포용하면 가슴을 후벼 파는 모진 말에도 굳건히 버틸 수 있는 방패가 생긴다. 그러지 못한다면 자신의 본모습이 아닌 거북이 등껍질 같은 모습만 세상에 내놓은 채, 벌거벗고 나약하고 두려움에 벌벌 떠는 진짜 자신은 껍질 아래에 숨기며 살 수밖에 없다.

생활에 대한 불만족

자신의 생활에 불만이 많으면 완벽주의에 빠질 위험도 높아진다. 완벽주의자라고 해서 모두 자신의 삶을 마음에 들어하지 않는 것은 아니지만, 생활에 불만이 많은 사람일수록 완벽주의자가 되기 십상이다. 이것은 우리가 생각하는 진실에 역행한다. 지금보다 나은 삶을 꿈꾸는 순간, 우리는 마치 그런 삶을 이미 누리고 있는 양 내세우고 싶은 유혹에 젖어든다. 자신의 인생에 만족하지 못하는 사람일수록 '완벽하게 만족스러운 삶을 누린다'는 모양새를 보이고 싶어 하는 것이다.

자신의 현실과 결점을 직시하고 스스로가 불완전한 존재임을 인정하는 것은 쉽지 않다. 어떤 사람은 그렇게 하는 방법을 아예 배우지도 못했다. 완벽하지 않음을 참아낼 능력을 기르지 못한 사람에게 과연 누가 돌을 던질 수 있겠는가? 육아 방식과 아이의 완벽주의 사이에 관계가 있다는 연구결과도 있다. 아이에게 완벽함을 요구하는 부모는 분명히 아이가 최초로 완벽주의 마인드에 노출되는 계기이기는 하지만, 전부 부모 탓으로 돌릴 수만도 없다. 공교육 역시 또 하나의 원인이 될 수 있다.

성적 매기기

성적 매기기는 학생의 학업 성취도를 가늠할 때 흔히 사용된다.

성적은 본질적으로는 나쁜 방법이 아니지만, 학교가 이른바 완벽한 'A⁺'를 받는 것에만 관심을 기울일 때는 문제다. 'C' 정도면 평균 점수를 받았다고 생각해야 하지만 많은 학생과 부모는 'A⁺'만 인정할 수 있는 점수이고, 그 이하를 받으면 실망하고 낙담한다. 어디서 많이 들어본 소리 아닌가? 성적은 대다수 사람들이 목표를 세우는 방식과 아주 비슷하다. 완벽한 성적과 완벽한 목표 모두 이상적인 결과(즉, 'A⁺' 학점이나 25킬로그램 감량)가 이상적인 목표라는 가정에서 비롯된다.

학교는 우리에게 "'A⁺' 학점에 걸맞은 노력이 'A⁺'라는 결과를 불러온다"고 가르치지만, 실제로 우리의 생활은 "'A⁺'급의 노력은 'A⁺'급의 결과를 얻을 기회만을 줄 뿐이다"라는 사실을 보여준다. 취업 전선에 뛰어들어 해야 할 준비를 다 할지라도, 원하는 일자리에 취업하지 못하면 결국 그 학생에게 주어지는 점수는 'F'인 것이 현실이다. 이런 환경이야말로 완벽주의 사고가 자라나기 위한 이상적인 온상이 되는 것이다.

위에 적은 문제점들은 우리를 초조함과 불확실성에 빠지게 만드는 공통의 영향력을 발휘한다. 완벽주의를 포함해 모든 부정적인 행동과 마음가짐에는 사람들을 끌어당기는 나름의 혜택이 있다. 완벽주의의 혜택이 무엇인지 한 번 알아보자.

보호막을 필요로 하는 인간의 심리
—

완벽주의는 변명을 만드는 기계와 같다. 완벽하게 드높은 기준을 정하고는 그 목표를 달성하려고 노력한들 허사일 거라고 생각한다. 게다가 이런 높은 기준은 기저의 불안과 의심에 대한 '반응'일 수 있다. 가령 내가 글이 잘 써질 것 같지 않다는 두려움에 빠진다면, 나는 아마도 은연중에 글을 쓰려는 노력조차 하지 않기 위해 글쓰기의 기준을 아주 비이성적으로 높게 정할지도 모른다. "나는 헤밍웨이처럼 간결하고 셰익스피어처럼 재치 넘치는 글을 써야 해"라는 기준을 세운다면? 나는 아마 단 한 단어조차 시작하지 못할 것이 뻔하다!

안전하고 싶은 마음

완벽주의자는 자신이 두려워하는 것으로부터 보호 받고 안전해지고자 하며, 바로 이것이(탁월해지기 위해 노력조차 하지 않는 것이) 사람들이 완벽주의에 빠지는 가장 흔한 원인이다. 이 사실은 사람들이 언제 완벽주의에 빠져 허우적대는지만 봐도 분명하게 알 수 있다. 위험이(그리고 두려움이) 높을수록 완벽주의자가 어떤 행동을 보이는지 관찰한 적이 있는가?

대다수 사람들은 칭찬을 받고 싶은 갈망보다는 창피를 피하고 싶다는 욕구가 훨씬 강하다. 유명 작가이며 휴스턴 대학 연구교수인 브르네 브라운Brené Brown의 말에 따르면, 완벽주의는 우리가 상처로부터 보호해줄 거라고 믿으며 들고 다니는 20톤짜리 방패다. "솔직히 말하면 우리를 잘 보이지 않는 존재로 만드는 것이 그것(완벽주의)이 하는 일이다"라고 브라운은 말한다.[5] 잘 보이지 않는 존재가 되면 당황할 일은 없을 것이다. 그러나 있는지 없는지조차 모르는 존재가 되고 싶은 사람이 누가 있을까? 자신을 드러내고 그럼으로써 가끔씩 창피를 당하고 체면을 잃는 것은 인간으로서 당연히 겪는 삶의 일부임을 인정해야 한다.

위대해지고 싶은 욕구

위대해지고 싶다는 욕구와 거기에 미치지 못하는 것에 대한 두려움은 대립 보완 관계에 있다. 얼핏 보기에는 두 가지 모두 완벽주의가 해결책으로 여겨진다.

창피와 당혹감을 안전하게 피하면서 동시에 위대한 존재가 될 수 있다고 상상하는 것은 본인의 자유다. 문제는, 어떤 행동도 하지 않는 것을 본인의 잠재력을 입증하는 것으로 생각하기 쉽다는 점이다. 완벽함을 바란다는 것은 (변명거리가 떨어졌을 때) 자신은 원래 기준을 높게 정하는 사람이고 그것을 달성할 능력도 있지만 하지 않는 것에 불과하다는 함의를 지닌다. 하지만 어떤 행동도 하지 않는 것은 스스로의 잠재력을 자신과 세상에 감추는 것에 불과하다.

위대해지고 싶다는 욕구는 완벽주의라는 거대한 빙산의 일각일 뿐이다. 수면 아래 감춰진 빙산의 나머지 90퍼센트는 실패에 대한 두려움이다. 실패의 두려움은 우리가 절대 세상에 내보이고 싶지 않은 것이지만, 그럼에도 그 두려움이 우리의 행동을 추진시킬 수 있다.

내가 분명하게 정리하고 싶은 부분은, 이 당혹스러운 마인드에는 주의해야 할 또 다른 부분이 있다는 점이다. 우리를 두렵게 하는 것은 실패했을 때의 결과가 아니다. 위대하게 이루고 싶은 무언가를 '제대로 이루지 못할 수도 있다는 생각'이 우리를 두렵게 만든다.

실패의 두려움

우리가 완벽주의에 집착하는 이유는, 실패의 대가가 큰가 적은가보다는 보상이 얼마나 중요한가 아닌가와 관련이 있다. 즉, 무언가를 원하는 마음이 클수록 그것을 얻지 못할지도 모른다는 두려움도 같이 커진다. 저비용/고보상 행동은 여기에 딱 들어맞는 사례다. 데이트 신청, 연봉 인상 요청, 새로운 사람 만나기, 새로운 일 시도하기 등의 행동은 보통 실패했을 때의 피해는 미미하지만 성공했을 때의 보상은 굉장히 큰 편이다. 그런데도 왜 사람들은 이런 상황에서 어떤 행동도 하지 않는 완벽주의 반응을 보이는 것일까? 그 원인을 따지려면 실패를 이루는 두 가지 요소부터 파악해야 한다.

실패의 가장 확실한 요소는 실패했을 때의 순수한 결과다. 협곡을 뛰어넘는 데 실패하면 심하게 다치거나 떨어져 죽을 수 있다. 그러나 앞에서 예로 든 연봉 인상 요청이나 데이트 신청은 실패해도 그에 따른 피해는 거의 없거나 전혀 없다. 거절을 당해 자신감이 조금 줄어들지도 모르지만, 그 이상 나쁜 결과는 거의 발생하지 않는다.

그럼에도 우리가 이런 무위험에 가까운 행동을 두려워하는 이유는 실패의 두 번째 요소인 의미와 상징성 때문이다. 무언가에 실패하면 우리는 당연히 '왜?'라는 질문을 던진다. 왜 그녀는 내 데이트 신청을 거절했을까? 왜 내 연봉 인상 요청은 거절당한 것일까? 한 번을 하건 열 번을 하건 큐브를 맞추지 못한 걸 보니 내 머리가 나쁜 것일까?

이런 질문들에 대한 답은 우리가 가장 두려워하는 것에서 찾을 수 있다. 상사가 연봉 인상 요청을 거절했어. 왜일까? 내가 유능하지 못해서, 내가 자격이 없어서, 내 커리어가 한계에 부딪쳤기 때문인 것 같아. 그런 생각이 들기 쉽다. 무위험이었던 행동이 우리의 자신감과 자긍심에 예고도 없이 녹아웃 펀치를 날린 것이다.

우리는 '실패'가 우리 자신에 대해 부여하는 의미를 두려워한다.

실패가 우리의 약점을 만천하에 드러내고 바스라지기 쉬운 희망과 꿈을 박살낼까 봐 두려워한다. 생각만 해도 소름이 끼친다! 나도 여자 문제에 있어서는 이런 '상징적 실패'를 두려워하는 완벽주의자였다. "한 여자가 내 데이트 신청을 거절하면 다른 여자들도 다 그럴 거야!"

완벽주의는 상징적 실패로부터 우리를 방어해준다. 저위험/고보상의 기회는 대부분 우리가 성공을 갈망하는 개념(연애, 경력, 사교생활 등)과 관련이 있는 탓에, 한 번만 실패해도 그것이 그 분야에서 자신의 위치를 상징한다고 여겨질 수 있다. 논리적으로 생각하면 그 실패 한 번으로 인생이 결정되는 것이 아니라 그냥 우연이 작용한 결과였을 뿐인데도 말이다(이 내용은 후반부에서 더 자세히 다룰 것이다).

이런 행동은 완벽주의의 또 다른 편익인 '미스터리'를 선사한다! 어떤 일을 시도조차 하지 않는다면 자신이 그 분야의 세계 최고인지 아닌지 경험적으로는 알 도리가 없다. 완벽주의의 미스터리는 우리가 완벽한 상상에 빠져 시험을 치르지도, 거부를 당하지도 않게 해준다. 간단한 논리 검사만으로도 우리가 어느 것에든 완벽하지 못하다는 것을 알 수 있다. 그렇기에 미스터리는 실제로 존재하지 않는다. 그저 미스터리라는 착각이 있을 뿐이다.

'완벽주의는 우리에게 보호막을 마련해준다.' 이 사실을 솔직히 인정하는 것이 중요하다. 완벽주의는 우리의 자존심과 희망이 크게 다치지 않도록 보호해준다. (그렇지 않다면 완벽주의가 그토록 인기 있을 리가 없다.) 이런 관점을 바탕으로 하면 완벽주의자가 되는 것이야말로 신중하고 책임감 있는 행동인 듯 보인다.

이제 나는 여러분에게 잠재적으로 인생을 바꿀 수도 있는 중요한 질문을 던지려 한다. 여러분은 정말로 이런 종류의 완벽주의를 원하거나 필요로 하는가?

보호를 받는 것이 언제나 최선은 아니다. 보호소에서 안전하게 보호를 받으며 크다가 야생 생존 능력을 기르지 못한 동물을 생각해보자. 운동으로 파열된 후에 더 튼튼하게 재생되는 인간의 근섬유를 생각해보자. 보호는 보호 받는 대상을 더욱 약하게 만든다.

실수와 실패는 단기적으로는 역경이지만 긴 안목에서 보면 우리를 더욱 크게 성장시켜준다. 그러나 완벽주의는 이런 실수와 실패로부터 우리를 과보호하고, 그 결과 우리는 시간이 지날수록 더욱 약해진다. 요점은 이렇다. 우리가 원치 않는 것을 견뎌내고 그럼으로써 더욱 강해질 수 있다면, 차라리 그 원치 않는 것을 막아줄 '바람막이'를 치워버리는 것이 훨씬 낫다.

당신은 어떤 종류의 완벽주의자인가
―

완벽주의는 과열성과 마비성으로 나눌 수 있는데, 때로는 두 가지 성향을 다 보이기도 한다.

과열성 완벽주의자는 만족이라는 것을 모른다. 끝없이 개선하고 또 개선하기 위해 노력하는 수준을 넘어 지금 가진 것에, 그리고 자신과 남들이 이룬 결과에 대해서도 절대 만족하지 않는다. 과열성 완벽주의에 빠진 사람이 가장 힘겹게 싸우는 것은 '비현실적 기대'와 '과거 곱씹기'다.

마비성 완벽주의자는 실패의 두려움에 걸려 넘어져 무의미한 삶 속에 스스로를 방치한다. 멍하니 TV를 보고, '시키는 일'을 하는 시늉만 하고, 위험할 것 같은 일은 건드리지도 않는 등 몸을 사리는 데 급급하다. 마비성 완벽주의자를 가장 괴롭히는 문제는 '실수할지도 모른다는 염려'와 '행동에 대한 의심'이다.

과열성인 동시에 마비성인 완벽주의자는 '인정받고 싶은 욕구'에 시달리다 못해 뒤로 숨어버리거나 극단적 행동을 보일 수 있다. 두 형태의 완벽주의를 괴롭히는 다섯 가지 현상과 그 해결책에 대해서는 후반부에서 자세히 다룰 것이다.

Chapter

2

완벽주의가 왜 인생에 독이 될까?

"완벽을 추구하는 한
마음의 평안은 결코 얻을 수 없을 것이다."
– 레프 톨스토이

처음에 나는 이 장의 제목을 '완벽주의가 선사하는 비참함'으로 정했다. 그러나 완벽주의가 기분을 저조하게만 만들어도 다행이다. 완벽주의는 온갖 해악을 만들어낸다. 완벽주의는 독약과 비슷하다. 소량을 복용하면 조금 괴롭기는 해도 증상에 익숙해지면서 부작용이 있는지 의식조차 못할 수도 있다는 점에서 말이다. 완벽주의라는 독약에 대해서도 우리는 그 부작용을 오랫동안 알아차리지 못한다. 적은 양을 복용하면 우리의 삶은 눈치 채지 못하게 조금씩 망가질 수 있고, 다량을 복용하면 행복에 치명상을 입을 수 있다.

완벽주의는 우리의 건강에도 악영향을 미칠 수 있다. 450명의 노인 피험자들을 대상으로 한 연구에 따르면, 완벽주의자인 피험자들은 6년 반의 연구기간 동안 사망 확률이 51퍼센트를 넘었다.[6]

완벽주의자일수록 우울증과 자살의 확률이 크게 높아진다는 연구 결과도 있었다.[7] 이런 결과로 미루어, 완벽주의의 위험성은 그간 과소평가되었다고 볼 수 있다.[8]

한 연구에서는 완벽주의야말로 "약물 요법(항우울제인 이미프라민 투여), 인지행동 치료, 대인 치료, 위약 요법 등 어떤 치료법을 사용하건 우울증의 단기 치료를 방해하는 가장 주된 요인"이었다.[9] 어쩌면 우리가 치료해야 할 증상은 우울증이 아닐지도 모른다. 우리는 많은 사람을 우울증과 자살 충동으로 내모는 완벽주의 마인드를 치료하는 데 초점을 맞춰야 할지도 모른다.

어떤 마인드가 좋은지 나쁜지 따지려면 그 마인드가 우리의 행동에 어떤 영향을 미치고 그 행동이 우리에게 어떤 감정을 느끼게 하는지를 살펴봐야 한다. 완벽주의 마인드는 일반적으로 두 가지 모두에 부정적 영향을 미친다. 그렇다면 완벽주의에는 도움이 되거나 건전한 측면이 정말로 하나도 없는 것인가?

건강한 완벽주의자는 완벽을 추구하지 않는다

완벽주의라는 개념 전체가 다 나쁘다는 것이 내 생각이지만, 솔직히 인정하자면 실제로 그렇게 단순하지만은 않다. 누군가 나에게 현재 정의되는 방식으로 따졌을 때 "완벽주의는 다 나쁜 것인가?"라고 묻는다면, 완벽주의에는 몇 가지 유용한 측면도 있음을 인정하지 않을 수 없다.

심리학자 돈 해머첵Don Hamacheck은 건강한 완벽주의의 개념을 소개했다. 그는 1978년에 완벽주의의 범위는 '정상적인 것에서 신경증적인 것까지' 구분되며 정상 범위에 속하는 완벽주의는 건강한 완벽주의라고 말했다. 그는 이렇게 설명했다. "정상적 완벽주의자는 상황에 따라 엄밀하지 않은 것에도 편안해하는 반면에, 신경증적 완벽주의자는 그 어떤 것도 충분히 성에 찰 정도로 만족스럽지 않기 때문에 결코 만족감을 느끼지 못한다."[10]

'엄밀하지 않은 것'이 완벽주의와 무슨 상관이 있을까? 완벽주의라는 정의 자체가 완벽하게 엄밀하지 못한 것은 거부하지 않는가? 잠시 옆길로 새보자.

일반적으로는 프로스트 척도 중에서 '개인적 기준'과 '조직화'만은 긍정적인 완벽주의로 생각한다. 심리학자 토머스 그린스폰Thomas Greenspon은 그렇지 않을 수 있다고 지적한다.

"그러나 프로스트 교수는 '개인적 기준'과 '조직화'가 긍정적인 인성 특징을 반영하는 것은 사실이지만 '개인적 기준'은 우울증과 유의미한 상관관계가 있으며 '조직화'는 완벽주의의 핵심 요소로는 보이지 않는다고 말한 바 있다."[11]

'개인적 기준'은 긍정적 특징에 가깝지만, 탁월해지려는 노력과 높은 기대라는 두 요소로 이루어진다는 점에서 우울증과도 상관관계가 있다. 탁월해지려는 노력과 높은 기대는 나눠서 생각해볼 수 있으며, 또 그래야 한다. 탁월해지려는 노력은 아주 좋은 장점이지만, 높은 기대는 문제가 될 수 있기 때문이다. 또한, '조직화'는 심지어 완벽주의에 해당되지 않는다는 주장도 있다.

심리학자 애셔 패흐트Asher Pacht는 어떤 환경에서건 완벽주의는 건강하지 못한 마인드라고 믿었다.[12] 그린스폰은 이른바 '건강한 완벽주의'로 이 문제를 간단히 요약하면서 이렇게 적었다. "건강한 완벽주의자로 정의되는 사람들이 실제로 완벽을 추구한다고 묘사되는 경우는 없다."[13]

그린스폰의 말은 대단히 중요하다. 세상이 그린스폰의 말에 담긴 진실을 알아본다면 완벽주의가 무엇인지 헷갈릴 일도 없을 것이다. 그러나 우리는 혼란스러워한다. 탁월해지려는 노력은 성공하려면 꼭 밟아야 할 여정의 일부이기 때문이다. 그런 탓에 많은 사람은 완벽주의는 성공을 위해 '꼭 필요한 싸움'이라고 생각하고(예술계가 이런 생각이 특히 심하다), 조금 뒤에 나올 모든 파괴적인 악영향에 스스로 몸을 내맡긴다. 무언가를 이루기 위해 반드시 완벽주의자가 되어야 한다고 생각한다면, 과도한 자기 비난과 기타 백해무익

한 완벽주의 성향을 정상적이거나 필수불가결한 것으로(전혀 그렇지 않은데도) 생각하게 될 공산이 대단히 크다.

하지만 한때는 명료했던 완벽주의의 정의는 그 경계가 모호해진 채 우리 사회에 깊숙이 스며들었다. 나는 완벽주의자를 자칭하는 유명 인사들의 말만으로도 수십 쪽을 가득 채울 수 있다. 그런 말들 대부분은 탁월해지기 위해 노력한다는 뜻을 담고 있지만, 자기 비난의 성격을 강하게 띠는 경우도 있다. 심지어 두 가지 의미를 다 포함하기도 한다. 유명 인사들의 "나는 완벽주의자다"라는 말은 완벽주의의 정의가 모호하다는 점을 반영하고 있지만, 그중에서도 대중에게 친근한 두 유명인의 말은 완벽주의와 탁월해지려는 노력을 잘 구분하고 있다는 점에서 주목할 필요가 있다.

"사람들은 나더러 완벽주의자라고 하지만 실은 아니다. 나는 무슨 일을 하건 됐다 싶을 때까지 하고, 그런 후에야 다음 단계로 넘어갈 뿐이다." – 제임스 캐머런(최고 흥행수익 1위와 2위에 나란히 오른 영화 '아바타'와 '타이타닉'의 감독)

"나는 완벽주의자가 아니다. 나는 탁월해지려고 노력하고 탁월함을 요구하는 사람이다. 거기에는 차이가 있다." – 오프라 윈프리(토크쇼 진행자, 〈타임〉지의 '미국에서 가장 영향력 있는 100인'에 10회 선정)

대다수 사람들은 여전히 완벽주의의 정의에 이 두 가지 좋은 면을 집어넣는다. 그것이 세간의 인식이라면 모든 완벽주의가 다 나쁜 것은 아니라는 현실에서 시작하는 것이 이치에 맞다. 그렇긴 해도 나는 (건강한 측면인) 탁월해지려는 노력과 조직화를 제외하고 완벽주의에 대해 이해하도록 세상의 생각을 바꾸고 싶다. 우리는 적어도 해로운 완벽주의와 유익한 완벽주의를 명확히 구분할 수 있어야 한다. 내가 지금껏 살면서 문제 해결 방식에 대해 배운 중요한 교훈이 있다면, 내가 원하는 상황이 아니라 내가 처한 상황에서 시작하는 것이 언제나 최선이라는 사실이다.

독약 한 방울이 양동이의 물을 오염시킨다면, 위에서 정의한 유익한 완벽주의 한 방울은 해로운 완벽주의에 오염된 양동이의 물을 희석해준다. 이제 물을 오염시킨 독이 무엇인지 알아냈으므로 독약의 성분을 하나하나 파헤쳐보자.

사람들이 TV를 그토록 많이 보는 이유

마비성 완벽주의자 중에 십중팔구는 TV 시청을 굉장히 많이 한다. 완벽주의자와 미적대는 사람 모두 TV 중독이 심한 편이다.

TV는 완벽히 수동적인 행동이기 때문에 자동적이고 간단하면서도 실수할 여지도 없고 그 보상으로 '승리'까지 얻게 된다. 발을 담그지 않으면 낙담할 일도 없는 탓에 수동적 행동은 그 어떤 것이든 완벽주의자에게는 안전한 행동이다. 미국인들이 TV를 매일 그토록 많이 보는 가장 큰 이유는 아마도 완벽주의 성향 때문이 아닐까 싶다.

- 18~34세의 하루 평균 TV 시청시간은 4시간 17분이다.
- 35~49세의 하루 평균 TV 시청시간은 4시간 57분이다.
- 50~64세의 하루 평균 TV 시청시간은 6시간 12분이다.[14]

긴 시간 동안 꼼짝없이 앉아 있기만 하는 것은 신체에 해로울 뿐 아니라 치명적이다.[15] 위의 자료에서 가장 걱정스러운 부분은 미국인들이 하루 평균, 적어도 5시간은 정신적으로 수동적인 상태이며 나이가 들수록 그 시간이 더 늘어난다는 사실이다. 이것은 수명의 문제를 '우리가 정말로 살고 있기는 한가?'라는 문제로 전환한다.

신체적 한계(이를테면 부상이나 고령) 때문에 수동적일 수밖에 없다는 것은 궁색한 변명이다. 존 모로 Jon Morrow라는 기업가가 있다. 그는 태어날 때부터 척수성근위축증이라는 병으로 인해 목 아래로 전신마비 상태다. 그는 꼼짝없이 앉아서 생활해야 하지만 절대로

수동적이지 않다. 그는 자신의 목소리를 이용해 한 달에 10만 달러가 넘는 돈을 번다.[16]

"요양원의 어느 침대에 누워 죽을 날만 기다리는 옆자리의 사람들을 보면서 하루 종일 TV만 보다가 죽느니 차라리 내가 하고 싶은 일을 하다가 죽는 편이 낫다. 나한테는 그것이야말로 상상하기도 싫은 가장 무서운 일이다." –존 모로

아무것도 하지 않고 TV만 보는 행동에 대해 그나마 체면치레라도 하려면 적어도 "나는 목 아래로 전신마비야" 정도의 변명은 대야 할 것이다. 그렇지만 존은 그런 변명조차 걷어찼다.

TV를 보는 사람들을 비난할 생각은 없다. TV는 적이 아니다. 단지 더 큰 문제의 한 가지 징후일 뿐이다. 완벽주의 마인드가 우리로 하여금 늑장을 부리고 삶에서 도피하고 싶게끔 만든다면, TV는 거부하기 힘든 유혹이다. 사실 TV 시청시간이 이토록 높게 나온 것도 놀랄 일은 아니다. 대다수 사람들은 완벽주의자이기 때문이다!

누군가는 이렇게 반문할 수 있다. "완벽주의에 문제가 많기는 해. 하지만 적어도 더 좋은 성과를 내도록 도와준다는 나름의 장점도 있지 않아?" 일부 연구는 딱히 그렇지도 않다는 것을 보여준다.

깐깐할수록 성과가 줄어든다?

흥미로운 실험 하나가 진행되었다. 제일 먼저 프로스트 척도를 이용해 여대생 51명의 완벽주의 수준을 측정했다. 그다음, 여대생들에게 한 편의 글을 제시하고 그 글을 가능한 한 압축적으로 바꿔쓰되 의미의 누락이 하나도 없어야 한다는 과제를 내주었다. 그리고 여대생들의 완벽주의 점수를 모르는 대학교수 두 명이 학생들의 과제를 채점했다. "완벽주의 성향이 높게 나온 학생들이 작성한 글은 완벽주의 수준이 낮은 학생들에 비해 글솜씨가 크게 떨어진다는 채점 결과가 나왔다."[17]

이 연구는 표집의 크기는 작았지만 두 집단 사이의 차이는 '유의미'했다. 완벽주의가 덜한 학생일수록 글 쓰는 연습을 더 자주 했고 그래서 더 탄탄한 글쓰기 요령을 갖게 되었다는 것이 타당한 설명으로 보인다. 솔직히 아이디어 부족이 아니라 완벽주의야말로 작가의 글쓰기를 방해하는 유일한 원인이기 때문이다. 또 다른 설명을 들면, 완벽주의가 의식의 긴장 다이얼을 최고조로 올리는 탓에 잠재의식의 작동까지 방해한다는 점도 있다. 이렇게 되면 창의성과 집중력, 그리고 잠재의식적 활동이 부정적인 영향을 받을 수 있다.

나는 농구를 할 때 보통은 그냥 재미 삼아 편안한 마음으로 하지만, 가끔은 완벽한 플레이를 하고 싶은 마음이 들 때가 있다. 스포츠를 즐기는 사람은 두 마음가짐의 차이점을 잘 알고, 그렇기 때문에 편한 마음으로 할 때 더 좋은 플레이가 나온다고 충고한다. 내 생각도 같다. 왜 그럴까?

스포츠건 인생이건 최상의 결과는 훈련과 연습에서 비롯된다. 무언가를 제2의 천성이 될 때까지(그리고 잠재의식적인 것이 될 때까지) 훈련하면 의식적 정신이 편안해지고, 이렇게 마음이 편안해지면 집중도 더 쉬워지기 때문에 정신이 긴장했을 때보다 효과도 더 커지고 좋은 결과를 내는 데에도 도움이 된다.

완벽주의자들이 나쁜 성적을 낸다는 것은 이상하게 들리는 말이다. 문제는, 무결점 프로그램을 가동하려고 노력하지만 이 프로그램은 결함이 많은 인간의 운영시스템과는 호환이 불가능하다는 데 있다. 이런 실제를 알면 알수록 완벽주의의 매력은 훨씬 시들해진다. 성적 개선만이 프로그램의 질을 보완하는 방법이라고 생각되기 때문이다.

우리 모두는 뒤떨어지는 성적이 아니라 훌륭한 성적을 내고 싶어 한다. 이를 위해 완벽주의자는 실패를 용인하지 않고 성공 가능성을 높이는 이른바 '자기 불구화 self-handicapping'라는 방법을 이용한다. 꽤 훌륭한 방법 같지만 자기 불구화에는 그만한 대가가 따른다.

왜 변명부터 늘어놓는가

실패한 후 그 실패에 대해 이미 만들어놓은 변명을 늘어놓는 사람을 본 적이 있는가? 나는 본 적이 있다.

'자기 불구화'라는 심리학 용어가 있다. 실패할 경우를 대비해 즉석에서 변명을 대기 위해 (노골적으로건 정신적으로건) 처음부터 고의적으로 스스로를 불리하게 만드는 현상을 가리키는 말이다. 노골적인 자기 불구화의 예로는, 경주에서 타인에게 한 발을 먼저 양보하는 경우다. 상대에게 한 발을 양보하면 본인이 지더라도 상대가 먼저 출발했기 때문이라는 변명거리가 만들어진다. 정신적인 자기 불구화의 예로는, 경주에서 동시에 출발하더라도 머릿속으로 '나는 이 경주에서 이길 거야'가 아니라 '무릎을 다친데다 피곤해'라고 생각하는 경우다.

우리는 스스로를 보호하기 위해 자기 불구화를 행한다. 성공의 가능성을 가지는 동시에 실패할 경우에는 "발목이 안 좋았거든"이라는 변명을 댈 수 있다니, 아주 근사해 보이지 않는가? 행동의 결과를 온전히 다 받아들이는 것은 위험해 보인다.

자기 불구화는 실패 옆에 별표를 붙여놓는다는 점에서 완벽주의자의 특성이지만, 동시에 성공을 방해하는 요소이기도 하다. 자기 불구화는 이기기 위한 플레이가 아니라 안전한 인생을 위한 플레이를 펼치게 한다. 다 이겼다면서 4쿼터에서 안전한 플레이를 하다가 상대 팀의 조직적인 역공에 허를 찔리는 풋볼 팀을 나는 수도 없이 봤다. 물론 안전하게 몸을 사리며 경기를 해도 게임에 이길 수 있고, 자기 불구화를 가진 사람도 승리할 수야 있다. 그러나 자포자기를 용납하지 않는 팀을 본 적이 있다면 안전한 플레이가 능사라고 고집 피우기는 힘들다.

내셔널풋볼리그NFL의 뉴잉글랜드 패트리어츠 팀은 선두를 달릴 때에도 지는 것만 면하는 플레이가 아닌 이기기 위한 플레이를 펼친다. 이기고 있는 순간에도 점수를 내는 것은 감독인 빌 벨리치크Bill Belichick의 전략이다. 승리가 확실할 때에도 계속 점수를 내는 경기방식 때문에 패트리어츠 팀은 점수 따기에만 열을 올린다는 비난도 많이 받았다. 하지만 이 전략은 훌륭한 효과를 발휘했고, 이 글을 쓰는 현재 패트리어츠 팀은 홈경기 72연승을 달리며 리그 선두에 올랐다.[18]

진부한 말이기는 하지만, 안전하게 몸을 사리고만 있기에 인생은 너무 짧다. 한 사람에게 주어진 시간은 100년 정도에 불과하므로, 어느 정도는 무모하게(그리고 현명하게) 세상에 우리를 내던질 필요가 있다. 비완벽주의자는 그렇게 행동한다. 하고 싶었던 일을 왜 하지 못했는지 앞뒤가 꽉 막힌 변명이나 늘어놓으며 인생을 마감하는 것은 절대로 만족스럽지 못한 결과다.

넘어져도 씩씩하게 일어나 다시 걸어라

우리는 마음의 편안함을 추구하거나 꾸준히 성장하거나 둘 중 하나다. 어쨌거나 성장하려면 마음의 편안함을 추구해서는 안 된다. 늘어나는 위험과 불확실성, 불안을 정면으로 마주 보아야 한다. 다른 선택은 결단코 없다. 성장이 몸에 맞듯 편하게 느껴진다면 이미 편안함을 추구하는 지점에 도달했다는 뜻이 된다. 이해가 되는가? 구체적인 예를 하나 살펴보자.

근육을 단련하고자 한다면 몸과 마음을 편하게 놀려서는 안 된다. 정신적으로, 또 신체적으로 버겁다 싶은 수준의 웨이트를 들어올려야 한다. 웨이트를 당기고 밀 때마다 몸에 압박이 가해지기 때문에 신체는 편안함을 느끼지 못하고 짜증을 내면서 이렇게 칭얼댈 것이다. "스티븐, 웨이트 따위 내려놓고 비디오게임이나 해!"

웨이트 트레이닝이 근섬유를 손상시키듯, 우리는 실패나 불편한 경험을 겪을 때도 마찬가지로 '손상'을 입는다. 그리고 끊어졌던 근섬유가 재생되면서 더 강해지듯, 시행착오를 통해 교훈을 배움으로써 우리는 더 강해진다. 진부한 말이라고 허투루 넘겨서는 안 된다. 신경학적으로도 우리의 뇌는 무엇이건 주기적으로 실패와 불편을 겪을 때마다 회복력이 더 강해진다. 200번이나 데이트 신청을 거절당한 사람과 한 번도 거절당해본 적이 없는 사람을 생각해보라. 다음번 데이트 신청 거절을 누가 더 담담히 받아들이겠는가? 어떤 회복 과정을 밟아야 하는지 이미 아는 사람이 당연히 회복도 더 빠르다.

예전엔 별 볼일 없어 보이던 사람이 어느 날 자기 분야에서 최고의 실력을 발휘하는 경우를 본 적이 있을 것이다. 참 흥미로운 일이다. 탁월함에 이르는 길은 거창하게 시작되지 않는다. 그 사실을 모르는 사람은 없겠지만, 우리는 자기 불구화로 인해 잘 닦인 오르막길을 걷는 모습만 상상하고는 험난한 바윗길은 잠재의식적으로 무조건 피하고 본다. 얼마나 많이 그러는지는 짐작도 못할 정도다. 매끄럽게 잘 닦인 오르막길 같은 것은 존재하지 않는다. 가끔은 돌부리에 걸려 넘어져도 다시 일어나 나아갈 수 있다는 사실을 인정하지 못하고 장애물을 피할 변명거리부터 마련하려고 노력하고 있지는 않은가?

지금 우리 삶에서 중요한 분야들을 떠올려보자. 학교, 사업, 경력, 건강, 연애, 사교생활 등 종류는 여러 가지다. 당신은 혹시 이런 분야에서 자기 불구화를 하고 있지는 않은가? 그렇다면 그 분야를 소중히 여기고 있다는 뜻이다. 소중히 여기기 때문에 자기 불구화를 하고 있는 것이다. 한 예로, 식사를 주문할 때는 자기 불구화를 위한 변명이 필요 없다. "피시 타코를 먹을걸 그랬나? 음, 안경에 김이 서려서 헷갈렸어"라고 말할 사람은 없다. 주문을 잘못했어도 어차피 한 끼 식사일 뿐이니 크게 문제될 것이 없다. (물론 한참 뜸을 들여 식사를 주문하는 사람도 있고, 괜히 이걸 시켰다며 이런저런 토를 다는 사람도 있기는 하지만 자기 불구화 때문에 그러는 것은 아니다.)

사람들은 보통 다음과 같은 분야에서 자기 불구화를 행한다.

- 일과 경력에서의 성공(예: 특별한 경우나 적절한 순간을 위해 최상의 업무 능력을 '아껴두기라도' 하듯 일을 건성으로 하거나 느슨하게 처리하는 행동)
- 연애(예: 연애에 노력을 투자하지 않거나 아예 추구하지도 않거나 감정적으로 거리를 둠)
- 사람들과의 어울림(예: 대화를 피하려는 이유 찾기, 사람들과 어울리는 데 관심 없는 척하기 등)
- 외모(예: 꾸미지 않은 자신의 모습을 사람들이 거부한다면 그것은 그것 나름대로 변명이 되므로 최고로 멋진 자신의 모습을 보여주지 않는 것)
- 건강(예: 사소한 부상이나 몸이 조금 안 좋아서 운동을 하지 않는 것. 하지만 다치거나 컨디션이 좋지 않아도 운동은 얼마든지 할 수 있다!)

내일은 당연히 받는 선물이 아니다. 그러니 스스로 발목을 잡지 말고 추진력과 열정을 가진 사람이 되어야 한다. 자기 불구화의 출발점은 완벽주의다. 전진하다 걸려 넘어져도 우뚝 일어나 다시 씩씩하게 전진할 수 있는데도 미리 준비한 변명만 잔뜩 늘어놓으며 만족스럽지 않은 삶을 살아가게 만드는 것, 그것이 바로 완벽주의가 자주 사용하는 독이다.

완벽주의가 문제라는 것을 분명히 알게 되어도 그 즉시 고치기는 힘들다. 바로 습관에 뿌리 박혀 있기 때문이다.

듀크대 학술지에 실린 논문에 따르면 잠재의식은 습관을 만들고, 습관이라는 행동 패턴은 우리 인생의 약 45퍼센트를 구성한다.[19] 어떤 습관은 외적으로 확연히 드러나는데, 헬스클럽에 가는 것, 흡연, 매일 아침 애플파이를 먹는 것, 긴장할 때마다 얼굴을 문지르는 것 등이 여기에 해당한다. 반면 습관적인 사고 패턴처럼 어떤 습관은 행동을 통해서는 확연히 드러나지 않는다.

완벽주의는 이런 '눈에 보이지 않는' 습관에 속한다. 이것은 "완벽해야 충분하다"라고 말하는 시스템으로 굳어진 사고방식이다. 이 방정식의 문제가 무엇인지는 설명하지 않아도 알 수 있다. 완벽한 것과 충분한 것이 항상 똑같지는 않다. 완벽한 것이 충분한 것이라는 생각에 젖어 있다면 아름다운 인생은 고사하고 충분히 잘 사는 날도 절대 오지 않는다.

자신의 인생에서 바닥과 천장이 어디쯤인지 파악하는 것이 중요하다. 여기서 말하는 바닥은 인생에 만족하기 위해 절대적으로 필요한 최소치를 의미하고, 천장은 더 높은 잠재력과 드넓은 꿈을 의미한다. 지금의 삶이 바닥과 천장 사이의 어디쯤이라면, 행복한 인생인 셈이다. 행복한 인생에 필요한 최소치를 가지고 있다는 뜻이기 때문이다. 천장 너머로 가지 못한다는 것은 두말할 필요가 없다(넘어설 수 있다면 그것은 천장이 아니다).

완벽주의가 문제인 이유는 바로 '완벽'을 바닥으로 삼기 때문이다. 완벽함을 넘어선다는 것은 불가능하니, 바닥이 곧 천장인 셈이다! 13제곱미터짜리 '초소형 아파트'에 사는 나로서는 바닥과 천장이 맞붙어 있다는 생각만으로도 목이 죄어오는 느낌이다!

이것이 완벽주의자의 사고방식이지만, 습관에 박힌 뿌리가 그런 사고를 불러일으킨다는 사실을 이해하지 않으면 안 된다. 완벽주의자는 세상을 보는 시각이 습관적으로 굳어져 있다. 그렇기에 변화를 모색하기 위해서는 "너는 할 수 있어"라는 동기부여가 아니라 신경학적 차원에서 접근해야 성공할 수 있다.

 여기서 잠깐!

동기부여는 왜
해결책이 될 수 없는가

—

우리는 어떻게 해야 변할 수 있을까? 이 책의 궁극적인 목표는 완벽주의에서 벗어나 실행하는 자유를 되찾도록 도와주는 데 있지만 대다수 책들과는 다른 접근법을 제시한다. 어떤 구체적이고 실행 가능한 전략도 없이 "자유로워져라" 내지는 "내려놓아라"라고 말하는 책이 무슨 가치가 있는지 의심스럽다. 그런 책을 읽고 나면 기분이 좋아지기는 하겠지만, 뇌가 변하지 않으면 본인도 변하지 않는다. 그런 책을 통해 동기부여의 불꽃을 지펴 지속적인 변화를 달성하는 것이 불가능하지는 않겠지만, 그 가능성은 요원하다.

동기부여는 감정 조작이다

변화를 얻기 위해 가장 널리 사용되는 접근법은 '작심삼일'의 전략이다. 그러나 여기에는 실제 변화가 빨리 발생하지 않는다는 치명적인 결함이 있다. 지속적인 변화가 발생하려면 뇌가 충분히 오랜 시간 동안 반복을 해 새로운 신경 전달 경로가 만들어져야 한다. 그러지 않으면 뇌와 행동은 예전의 행동방식으로 되돌아간다.

인생에 긍정적 변화를 불러일으키기 위해 '동기를 부여받으려' 노력한 적이 있는가? '동기부여'를 내 관점에서 딱 두 마디로 정의한다면 '감정 조작'이다. 지금은 그 무언가에 대한 감정이 '그냥저냥'인 상태이지만 그래도 그것을 하고 싶은 마음이 들기 위해서라도 스스로에게 열심히 '파이팅'을 외쳐야 한다. 대부분의 일에서 이런 '파이팅'은 해냈을 때의 보람찬 결과를 상상하는 것을 뜻한다. 그래야 실행하고 싶은 마음이 들기 때문이다.

동기부여의 의미가 무엇이건, 어떤 행동에 대해 스스로가 '느끼는' 방식을 바꾸는 것이 동기부여의 목표다. 동기부여는 그 자체로는 바람직하다. 무언가를 하고 싶은 마음이 들면 마음이 편안하고 자연스러워지면서 없는 의지력을 억지로 발휘하지 않아도 되기 때문이다. 하지만 언제나 효과를 발휘하는 것은 아니라는 점에서 별로 똑똑한 방법은 아니다. 대부분의 자기계발서들은 독자에게 "당신은 충분히 좋은 사람입니다"나 "당신은 충분히 잘하고 있습니다"라고 하면서 위안을 한다. 이런 식의 격려는 마음과 정신을 난폭하게 지배하는 완벽주의를 잠시나마 잠재우고 무언가 힘이 솟는다는 느낌을 선사할 수는 있겠지만, 지속적인 해결책은 되지 못한다.

'동기부여'는 정신에서 시작한다. 동기부여가 왜 잘못된 출발점인지 제대로 이해하려면 감정과 동기, 행동, 그리고 습관이 서로 어떻게 얽혀 있는지 이해해야 한다.

행동을 먼저 취하는 전략의 우수성

감정이 행동의 동기를 부여하기도 하지만, 행동이 감정에 동기를 부여하기도 한다. 행동은 감정을 불러일으킨다. 우리는 행동에서 어떤 느낌을 얻기도 하고, 느낌을 통해 무언가 행동을 하기도 한다. 대다수 사람들은 감정이 행동을 야기할 수 있다는 사실에 초점을 맞추지만, 행동이 어떻게 감정을 유발하고 그런 느낌이 어떻게 더 큰 행동을 촉진하는지 진지하게 고민하는 사람은 거의 없다.

서로를 지극히 사랑하는 부부를 상상해보자. 두 사람은 서로를 사랑하고, 이 강렬한 느낌은 그들로 하여금 매일 키스를 하고 싶게 만든다. 감정이 행동으로 바뀐다. 이것이 우리 대부분이 주목하는 흐름이다.

아내를 더는 사랑하지 않는다며 이혼하자고 말하는 남편이 있다. 아내는 당황한다. 하지만 이혼서류에 서명을 하기에 앞서 아내가 남편에게 한 가지 요구를 한다. 결혼식 날에 남편이 아내를 안아들고 신방에 들어갔듯이, 매일 아침 자신을 안아들고 침실에서 현관까지 가달라는 부탁이다. 남편은 어이없다는 듯 웃으며 그러겠다고 말한다. 아내를 현관으로 안아들고 가는 날이 하루 이틀 지날수록 아내에 대한 남편의 친밀감이 늘어나면서 둘 사이에 연애감정이 다시 생겨나고 결국에는 헤어지지 않기로 한다. 스놉스닷컴 Snopes.com에 올라온 이 글은 허무맹랑한 이야기로 치부되지만 그 안에 담긴 개념은 진실이다. 행동이 감정에 지대한 영향을 끼친다는 것 말이다. 그 영향력은 굉장히 강력하기 때문에 심지어는 그러고 싶은 마음이나 의도가 전혀 없을 때조차도 우리의 감정을 변화시킨다.

사람들은 흔히들 사랑은 감정이지 행동이 아니라고 말하지만 실상은 그 둘 다다. 사랑의 행동과 감정은 '눈치껏 알아서' 서로에게 맞춰나간다. 애정을 다해 행동하면 애정의 감정이 더욱 깊어진다. 아무 애정도 느끼지 못하면 애정 어린 행동도 나오지 못한다.

그렇다면 감정과 행동, 어느 쪽부터 접근하는 것이 옳은 방법일까? 일단 행동부터 시작하는 것이 최고의 전략이다. 거기에는 그만한 이유가 있다.

사회심리학자 에이미 커디Amy Cuddy의 실험에서 한 집단은 2분 동안 하이파워 자세를 취하라는 지시를 받았고 다른 집단은 역시 2분 동안 로우파워 자세를 취하라는 지시를 받았다. 지시에 따라 하이파워 자세 집단은 허리를 꼿꼿이 펴고 양손을 허리에 올리거나 팔을 넓게 펴는 등 공간을 많이 차지하는 넓고 열린 자세를 취했다. 로우파워 자세 집단은 양팔을 접어 모으고 구부정한 자세를 취하는 등 닫히고 구속적이며 공간을 적게 차지하는 자세를 취했다.

2분 후 하이파워 자세 집단의 테스토스테론 수치는 20퍼센트 증가했고 스트레스 호르몬인 코르티솔 수치는 25퍼센트 감소했다. 후속 테스트에서도 하이파워 자세 집단은 위험을 감수하려는 의지를 로우파워 자세 집단보다 훨씬 높게 보였다. 테스토스테론의 증가는 위험 감수 의지와 자신감을 키우며, 코르티솔 감소는 두려움과 스트레스 수준을 낮춘다. 로우파워 자세를 취한 집단은 반대의 결과를 보였는데, 그들의 테스토스테론 수치는 10퍼센트 감소했고 코르티솔 수치는 15퍼센트 증가했다.[20]

에이미 커디는 이렇게 말한다. "단 2분이 이끈 이런 호르몬의 변화에 따라 뇌는 기본적으로 단호하고 자신감이 넘치고 편안한 마음이 되기 위한 체계로 세팅되거나 아니면 스트레스 반응을 보이며 일종의 셧다운 기분을 보이기 위한 세팅을 한다."[21] 이 강력하고 과학적인 증거는 아주 단순한 행동마저도 우리의 감정에 화학적으로 커다란 영향을 끼칠 수 있다는 사실을 보여준다.

행동을 먼저 취하는 전략이, 감정 방식을 바꾸고 동기부여를 높이는 전략보다 뛰어나다는 사실을 보여주는 훨씬 직접적인 증거도 있다. 듀크대 학술지에 발표된 논문에 따르면, 실험 참가자들은 생각을 할 때보다는 행동을 했을 때 감정적인 변화가 발생할 가능성이 거의 두 배나 높았다.[22]

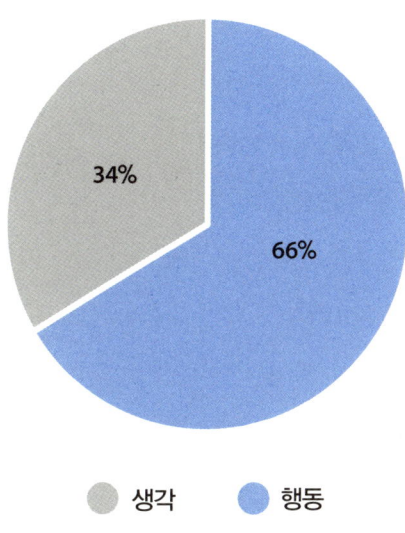

　이 연구는 감정과 행동이 아니라 생각과 행동의 영향을 비교하고 있다. 생각은 사람들이 '동기를 얻기 위한' 전략에서 감정적 변화를 불러일으키기 위해 사용하는 표준적인 방식이다. 하지만 이 방식의 문제는, 사람들은 어떤 행동에 정신적으로건 감정적으로건 끌리는 마음이 들기 전까지는 그 행동을 하지 않는다는 점이다.

　문제는 더 있다. 생각이라는 것은 우리가 없애버리려는 감정에 오염되기 쉽고, 그 결과 감정 변화를 불러오기가 더욱 어려워질 수 있다. 진정한 동기부여가 힘든 이유도 바로 여기에 있다. 감정에 아무 변화가 없는데 목표를 추구하기 위한 동기를 얻거나 목표의 결과를 상상하기가 간단할 리가 있겠는가? 가끔은 동기가 생길지 몰라도 매번 성공하지는 못한다.

행동부터 먼저 하면 동기를 만들어내기가 훨씬 쉬운데도 불구하고 동기부여를 앞세우는 전략이 그토록 인기가 높은 것은 안타까운 현상이다. 동기부여를 추구하는 사람은 올바른 동기가 없으면 실행도 하지 못한다는 잘못된 전제에 빠져 있기 때문에 행동 우선의 접근법에 코웃음을 친다.

우리 인간에게는 감정을 이겨내고 행동하게 해주는 의지력이 있다. 우리가 의지력을 발휘해 어떤 행동을 꾸준히 할 수 있다면, 그것은 행동이 가장 큰 동기를 안겨주고 더 많이 행동하게 해주는 훌륭한 출발점이 되어준다는 점에서 더 확실한 방법이 된다.

요점은 이렇다. 더 많은 행동을 끌어내기 위한 최고의 출발점은 행동 자체라는 사실이다. 동기부여를 늘리는 쪽으로 생각의 방향을 잡는 것은 더 높은 탄력을 얻는 데에는 별 도움이 되지 않고 효과도 없다. 게다가 동기부여 전략은 동기를 얻고자 하는 마음을 영구불변이라 가정한다. 최고의 목표가 운동이라고 했을 때, 길고 고된 하루 일과를 마친 후라 운동을 할 의욕도 나지 않고 동기를 억지로 쥐어짜고 싶은 생각도 없을 때는 어떻게 하겠는가? 동기부여 전략은 모래밭 위에 서 있는 것이나 다름없다. 그보다는 시작부터 튼튼한 것이 낫다.

실행할 의욕이 전혀 없는 순간에도 조금씩 쌓아올릴 수 있을 만큼 강한 밑받침이 되는 것은 무엇이 있을까? 많지는 않다. 그러니 작게 한 발만 전진하거나 '작은 목표'를 완수하기로 한다면 무시해도 좋을 정도로 미미한 의지력만 발휘해도 되고, 그럼으로써 튼튼한 밑받침을 만들어낼 수 있다. 『습관의 재발견』은 가장 강력한 응용법인 '습관 만들기'에 이런 과정을 대입했다.

숨쉬기 같은 자동적인 반응이 아닌 이상 그 어느 것이든 실행에 옮기려면 적어도 조금이라도 동기부여가 필요하다고 주장하는 사람들이 있다. 물론 그 말도 맞다. 그러나 그들이 말하는 동기부여와 여기서 말하는 동기부여는 다르다. 동기부여에는 서로 완전히 다른 의미를 지니는 두 종류가 존재하고, 우리가 실행에 옮기기 위해 필요한 것은 딱 한 종류다.

변덕스러운 동기부여는 필요 없다

우리는 책을 쓰고 싶다는 동기를 부여 받으면서도 그 책에 넣을 '글을' 쓰기 위한 동기는 부여 받지 못할 수도 있다. 왜일까? 첫 번째 동기부여는 책을 쓰려는 일반적인 이유와 욕구를 가지게 되는 것을 의미한다. 두 번째는 상황과 본인의 감정 상태에 따라 시시각각으로 크게 변하는 순간적 동기부여다. 우리 모두는 무언가를 하고 싶어 하는 일반적인 마음이 있지만, 정작 실천해야 하는 순간에는 마음이 변한다!

이처럼 변덕이 죽 끓듯 하는 동기부여는 필요 없다. 이런 종류의 동기부여는 언제나 들쑥날쑥한 탓에 믿을 만한 것이 못 되는데다 과거의 목표를 작심삼일로 끝내게 만든다. 목표를 정하고 1주 내지 6주 동안은 강하게 그 목표를 향해 달리다가 어느 순간 어떤 이유로 중단하고 마는 사람은, 이런 변덕스러운 동기부여가 목표를 어떻게 죽이는지 잘 알고 있을 것이다.

우리의 귀에 들리는 동기부여란 하나의 개념으로서 말해지는 것이다. 사람들은 무언가를 하기 위한 이유를 "꼭 하고 싶어"라는 감정적 스파크로 사용한다. 나는 이런 논리를 의심하지는 않는다. 날고 싶다는 마음이 파일럿이 되기 위한 동기를 부여해준다고 믿는 것은 문제가 없다. 오히려 효과를 보기도 한다. 하지만 앞에서 우리가 다뤘던 내용을 생각해보자.

무언가를 해야 할 이유와 그 무언가를 하려는 현재의 욕구 사이에 존재하는 연결 고리에 기댄다는 것은 하고 싶은 마음이 들지 않을 때에는 왜 책을 써야 하는지, 왜 운동을 해야 하는지, 왜 청소를 해야 하는지, 왜 명상을 해야 하는지 억지로 '생각해내야' 한다는 뜻이다. 그러나 위에서 언급한 연구에서도 입증되었듯 감정과 가장 강하게 연결되는 것은 생각이 아니라 행동이다. 생각이 아닌 행동이 감정을 바꿀 가능성이 두 배나 높기 때문이다. 무조건 행동이 더 좋다는 의미는 아니지만, 대체로 그렇다는 뜻이다.

보디랭귀지에 우리의 신체가 화학적으로 어떤 반응을 보이는지 입증한 커디의 연구를 떠올려보자. 우리가 매일 행동보다는 생각을 훨씬 많이 하는데도 감정에는 행동이(생각이 아니라) 두 배나 영향을 끼친다는 연구결과는 '생각-감정'보다는 '행동-감정'의 관계가 더 강력하다는 것을 암시한다.

"확실한 이유가 생기면 하고 싶은 욕구도 당연히 생긴다"라는 동기부여의 개념이 백발백중 들어맞을 것이라는 생각은 인간의 감정이 얼마나 변덕스러운지 전혀 고려하지 않은 순진무구하기 짝이 없는 생각이다. 우리는 화나고 초조하고 나태한 마음의 힘을 과소평가해서는 안 된다. 간단히 말해, 우리가 순간순간의 감정을 무언가를 할지 말지 결정하는 잣대로 삼는다면 그 순간의 감정에 얽매일 수밖에 없다. 온갖 동기부여 방법을 다 사용해보다가, 결국 감정이 엉망이면 결과도 엉망으로 나오게 된다.

'동기부여 추구'가 대세나 다름없는 오늘날, 이는 참으로 흥미로운 일이다. 도서 베스트셀러 판매순위에 따르면 동기부여 부문은 비소설 분야에서 7위를 차지하고 아마존 자기계발 분야에서는 2위나 된다.[23] ('의지력', '훈련', '작은 단계' 등의 분야는 존재하지도 않는다.) 이 결함투성이 사고방식이 우리 사회에 단단히 뿌리박혀 있다. 어디를 둘러보건 사람들이 동기부여 기법을 추구하거나 가르치고 있다는 사실이 나를 슬프게 한다.

성공적으로 인생을 바꾼 사람들은 일단 무언가 행동부터 시작할 때 거기에 맞는 감정이 찾아온다는 것을 이해하고 있다. 생각과 감정을 먼저 고쳐먹음으로써 행동을 바꾸는 것보다, 행동을 먼저 취한 다음에 정신과 감정을 바꾸는 편이 더 쉽다. 이 사실을 절대 잊지 말자.

동기부여를 통해 행동을 이끄는 것에는 또 다른 문제점이 존재한다. 바로 습관과 자연스럽게 공존하지 못한다는 점이다. 앞에서 언급한 듀크대 학술지 논문에 따르면, 인간은 습관적 행동을 할 때 감정 반응이 눈에 띄게 줄어드는 것으로 나타났다. 같은 행동이 반복될수록 잠재의식은 행동 패턴을 인정하고 신경 전달 통로가 강화된다. 그러면서 행동에 대한 감정이 줄어든다. 첫 키스보다 짜릿한 것이 무엇이 있겠는가? 첫 번째 피자 조각이 네 번째 피자 조각을 입에 물었을 때보다 훨씬 맛있지 않은가? 우리는 반복을 통해 학습하지만, 새로움이 희미해질수록 그 행동에 대한 감정도 희미해진다. 감정 변화를 불러일으키는 다른 요소도 있겠지만, 다른 모든 것이 동일하다고 가정할 때 습관은 감정 반응을 줄인다.

여기 새해 결심으로 새로운 습관을 만들기 위해 감정이라는 파도에 올라타 동기부여를 하려는 사람이 있다. 그가 습관을 만들기 위해 노력하면 할수록 감정의 파도는 약해지고, 마침내 물살이 전혀 일지 않아 스스로 (의지력을 발휘해) 헤엄치든가 아니면 그만두든가 하는 상황에까지 이른다. 바로 이것이 사람들이 빠르면 1주, 늦으면 6주가 지나 새 결심을 중도 포기하고 마는 이유에 대한 합리적인 설명이다. 이쯤 되면 감정이(그리고 동기부여도) 시들해지고 행동은 잠재의식적인 것으로 전환될 가능성이 높다.

변화를 끝까지 유지하고 싶다면 동기부여는 어느 정도 무시해야 한다. 동기부여가 아무 가치도 없다는 소리가 아니다. 오히려 두 종류의 동기부여 모두 훌륭한 인생을 만드는 데 꼭 필요하다. 우리의 주제는 완벽주의라는 문제를 해결하기 위한 출발 전략이고, 믿을 만한 출발 전략을 갖추는 것이야말로 바람직한 변화를 지속할 수 있게 해주기 때문이다.

지금까지 완벽주의의 해결책으로서 행동 우선 전략을 사용해야 하는 이유를 살펴보았다. 성공적인 변화를 위해서는 조건이 하나 더 있는데, 바로 해결책을 잘 골라야 하는 것이다. 식스팩 복근을 만들고 싶다고 아무 운동이나 마구잡이로 한다면 시간 낭비하는 것과 마찬가지다. 어떤 행동이 식스팩 복근을 만들어주는지 분명히 알아야 한다.

사실 해결책은 단순하다. 탄탄한 몸매를 원하면 건강한 식단과 운동이 확실한 해결책이고, 스노보드를 잘 타고 싶으면 스노보드 타기를 연습하는 것이 확실한 해결책이다. 오히려 해결책으로 제시한 행동을 꾸준히 지속하는 일이 더 어렵다. 그러나 완벽주의는 대단히 추상적이고 복잡하기 때문에 확실한 해결방법이 금세 한눈에 드러나지는 않는다. 그렇다고 "그렇게 완벽해지려고 노력할 필요는 없지!"라고 말할 수도 없다. 말이야 쉽지 그러기는 쉽지 않고, 확실한 해결책도 아니다.

이 책의 후반부에서 완벽주의의 구체적 문제점에 적용할 행동 우선의 해결책을 살펴볼 예정이다. 그 전에 비완벽주의가 선사해줄 자유부터 확인하고 본격적인 재미를 붙여보자!

Chapter

3

'제대로'라는 생각을 버릴 때 얻게 되는 것들

"아무리 느릿느릿 가더라도 소파에 앉아 있는 사람들보다는
여전히 한 바퀴 앞서 있다."
— 화자 미상

무슨 일이든 제대로 해야 한다는 생각에서 벗어날 때 우리 인생에는 어떤 변화가 찾아올까? 가장 중요한 변화는 진정한 자유를 누리게 될 것이라는 사실이다. 비완벽주의는 인간의 자연스러운 본성이기 때문이다. 인간은 원래 불완전한 존재가 아닌가. 그에 반해 완벽주의는 우리의 행동을 비합리적인 수준으로 제한하고 경직시키고 순응시키는 부자연스러운 구조다.
 비완벽주의는 게으름도, 낮은 기준도, 실패에 안주하는 것도, 탁월한 성취와 개선에 무관심한 것도 아니다. 비완벽주의는 완벽함이라는 헛된 희망을 품거나 기대하지 않으면서도 인생에 더 보탬이 될 행동을 추구한다. 비완벽주의는 잘하기보다는 일단 하는 것을 우선으로 삼는다. 그렇다고 좋은 결과를 배제하지는 않는다. 단지 결과가 안 좋을지도 모른다며 지레 겁먹는 행동을 저 멀리 날려 보낼 뿐이다.

비완벽주의의 전제이자 열쇠는 기준을 낮춘다고 해서 결과가 나빠지지는 않는다는 것이다. 흔히들 완벽함을 목표로 삼으면 완벽에 더 가까워진다는 가정을 하지만, 오히려 그 반대다. 완벽하지 않음을 포용하는 순간 우리는 완벽주의 마인드가 도달하지 못하는 완벽한 결과에 더 가까이 다가가게 된다. 앞에서 언급한 연구를 떠올려보자. 완벽주의 성향이 강한 학생일수록 다른 학생들보다 글쓰기 성적이 훨씬 떨어졌다.

한 단계 더 파고들면, 완벽하지 않음을 인정한다는 것은 '안타깝지만 내 행복을 위해서는 이런 마인드를 인정하지 않을 수 없어'라고 생각한다는 뜻이 아니다. 완벽하지 않음을 필요악이라고 보는 것은 그다지 도움이 되지 않는다. 완벽하지 않음이 어떻게, 그리고 왜 도움이 되는 삶의 방식인지 내면화해야 한다. 성공한 사람들은 비완벽주의를 포용한 사람들이다.

완벽하지 않음이 인간만의 특성은 아니다. 다이아몬드는 가공을 거쳐야만 아름다운 보석으로 재탄생한다. 아름다운 보석이 되기 전의 다이아몬드 원석은 못생긴 탄소 덩어리에 불과하다. 탄소가 아주 오랜 시간 동안 높은 열과 압력에 노출될 때 다이아몬드가 만들어진다. 지금 기울이는 노력이 평범한 탄소를 세상에서 가장 유명한 원석으로 만드는 열과 압력이라고 생각하라. 필요한 것은 아주 많은 노력만이 아니다. 스스로가 바라는 변화와 발전을 위해서는 시간과 일관성도 필요하다. 완벽주의는 첫술에도 배부를 수 있다는 잘못된 가정을 바탕으로 삼기 때문에 아무 도움도 되지 못한다.

나약함을 온전히 인정하면 어떻게 될까

완벽주의를 버리고 비완벽주의자가 될 때 가장 큰 장점은 스트레스는 더 적게 받으면서도 훨씬 훌륭한 결과를 얻을 수 있다는 것이다. 비완벽주의자는 되든 안 되든 여러 상황에서 긍정적인 행동을 더 많이 하기 때문이다. 두려움은 점점 줄어들고 자신감은 더 커지며, 더 자유로워지고, 인생이 완벽하지 않을 수도 있다는 사실을 거리낌 없이 포용할 수 있게 된다.

타이어가 펑크 나고, 차체 여기저기에 녹이 슬고, 전조등이 깨졌을지라도 지금 당장 전진을 시작해야 한다. 전진을 해야 새로운 지평선이 보이고, 새로운 문이 열리고, 성장하고 인생을 즐길 수 있는 가능성도 생긴다.

자신의 불안함과 나약함, 실수를 온전히 인정한다면 당신의 인생은 어떻게 변할까? 완벽하지 않음을 전혀 허용하지 않았던 분야에서 그것을 허용할 때 얼마만 한 자유를 느끼게 될지 상상해보자. 비완벽주의의 자유를 구체적으로 상상해보면 그것의 생생한 매력이 고스란히 눈에 보일 것이다.

여기 당신이 있다. 당신은 자신의 문제를 다 인식하지만 그것 때문에 방해를 받지는 않는다. 원래의 당신이라면 그런 상황에서 완벽주의자처럼 굴지만 상상 속의 당신은 신경 쓰지 않는다. 두세 가지가 어그러지기도 하지만 침착하게 반응한다. 거의 어처구니가 없을 정도로 상상 속의 당신은 남들의 잔소리를, 실수를, 거절당하는 것을, 완벽한 결정을 내려야 하는 것을, 모든 것을 다 제대로 해야 한다는 것을 걱정하지 않는다. 상상 속의 당신은 긴장하거나 불안해하지 않는다. 완전히 침착하게 온 정신을 집중해 생산적으로 움직인다. 당신은 지금 파티에 참석해 있고, 다른 사람들 앞에서 화려한 댄스 동작도 선보였다(엄청난 용기가 필요한 일이긴 했지만 당신은 두 번 생각해보지도 않고 움직였다).

비완벽주의자는 온 힘을 다해 넘치도록 삶을 누린다. 비완벽주의자는 남의 눈치를 보지 않고 뻔뻔할 정도로 스스로를 사랑하지만, 동시에 굉장히 큰 부러움과 질투의 대상이 되기도 한다. 비완벽주의자는 결함이 많지만 그에 버금갈 정도로 자신 있게 행동하는 대담성도 가지고 있다. 비완벽주의자를 보며 사람들은 "저 사람은 이러저러한 문제가 많지만 그래도 여전히 자신감이 넘치네. 똑같은 문제를 가진 나는 이 모양인데 말이야"라고 생각한다.

싱글에 완벽주의자였던 시절의 나는 지나가는 커플을 보면서 '저런 남자도 연애를 하는군. 몸은 내가 더 좋은데! 저 남자는 뭐야? 내가 더 잘생겼는데! 저 남자는 샌님 스타일이잖아'라고 생각했다. 그 당시 나는 애인이 있는 모든 남자를 질투했다. 그러나 옆에서 보기만 했을 뿐 여자친구를 만들려는 노력은 전혀 하지 않았다. 나는 내 자신이 처한 불완전한 현실과 감수해야 할 위험을 두려워하면서, 한 발짝도 나아가지 못하고 있었다.

그러다 (뒤에서 소개할 해결방법의 도움을 받아) 비완벽주의자 독신남이 되기로 결심했다. 독신의 비완벽주의자가 되기로 결심하니 두 가지 선택이 나왔다. 그냥 싱글인 것에 만족하거나, 아니면 불완전한 시나리오를 인정하고 여자들과의 대화를 시도하거나 둘 중 하나였다. 나는 완벽하게 대화를 이끌기는커녕 허술한 모습을 잔뜩 보였지만 그래도 시도했고 차츰 재미가 붙었다. 내가 새로 이사한 곳에서 데이트 신청을 했던 처음 세 여성은 이런 시도가 쉽지 않은 과정임을 확인시켜주었다.

- 시도 1: 알고 보니 그녀에게는 남자친구가 있었다. 그래도 신사처

럼 굴면서 나는 그녀에게 "남자친구랑 잘되기를 바랄게요"라고 말했다. 진심이야, 스티브?

- 시도 2: 그녀는 레즈비언이었고 내가 보는 앞에서 여자친구와 키스를 나눴다.
- 시도 3: 사람들로 북적이는 헬스클럽에서 그녀에게 데이트 신청을 했지만, 결혼했다는 대답을 들었다.

나는 지금도 싱글이다. 하지만 비완벽주의자가 된 후부터는 여자를 만날 기회도 더 많아졌고 당연히 데이트도 훨씬 많이 했다. 무엇보다, 누군가와 함께하려면 내 스스로가 완벽해야 한다는 압박에서 자유로워진 것이 가장 큰 소득이었다. 비완벽주의자가 되는 순간 한계가 줄어들고 완전하지 않은 삶을 더 편한 마음으로 즐길 수 있게 된다!

사람들의 호감과 신뢰 얻기

아마도 내가 이렇게 말하면 사람들의 시선은 냉랭해질 것이다. "내가 쓴 글은 정말 완벽해. 나는 세상에서 글을 제일 잘 쓰는 사람이야."

지나치게 허풍이 심한 사람을 보면 남아 있던 정마저 떨어지는 것이 당연하다. 우리는 왜 이런 사람을 싫어하게 될까? 자신이 무결점인 듯 말하는 사람은 진실성이 없어 보일 뿐 아니라 내 자아에도 위협이 되기 때문이다. 게다가 그런 허풍은 나 자신의 불완전함을 떠올리게 한다.

그렇다면, 이렇게 말해보면 어떻겠는가?

"나는 당신의 삶에 가치를 더할 메시지를 전달하기 위해 최선을 다하고자 합니다. 당신이 제 책을 읽는 시간이 헛되지 않도록 많은 자료를 조사했고, 열심히 준비했습니다."

처음의 말에 비하면 내 얼굴에 펀치를 날리고 싶은 마음이 줄어들지 않았는가? 이런 어조는 성실함과 정직함을 풍기며 불완전함이 끼어들 여지도 허락한다. 겸손하게 행동하고 완벽한 체하지 않으면 남들의 호감도 더 많이 살 수 있다.

이 부분에서 한 가지 흥미로운 질문을 던지고 싶다. 위의 두 인사말 중 어느 쪽이 작가에 대한 신뢰도를 높여주는 것 같은가? 논리적으로 따지면 자칭 '완벽한' 작가를 표방하는 사람이 더 좋은 책을 쓸 것이라고 생각하기 쉽지만, 대다수 사람들은 오히려 정반대로 "저 사람은 순 허풍쟁이야!"라는 인상을 받게 된다. 우리가 완벽해 보이려고 노력하면 할수록 오히려 역효과가 날 때가 많다. 아이러니한 일이다.

역사적으로도 눈이 휘둥그레질 만큼 과한 보상을 약속하는 것은 부정직함과 연관이 있었다. 영어식 표현에 'snake oil salesman(가짜 약장수)'이라는 말이 있는데, '사기꾼'을 의미한다. 요즘에도 누군가가 뱀 기름을 약이라면서 팔려고 한다면 대부분의 사람들은 사기꾼인 것을 눈치 채고 문도 열어주지 않을 것이다. 그런데 재미있는 사실이 있다. 중국의 장어 기름은 인체가 사용하는 두 종류의 오메가-3 지방산 중 하나인 EPA 함량이 20퍼센트에 달하는데, 이는 대표적인 EPA와 DHA 고함량 식품인 연어보다도 높은 수치다.[24] 오메가-3 지방산이 건강에 좋다는 연구결과는 이미 나와 있다.[25] 따라서 중국 장어 기름은 나름의 가치를 지닌 건강보조제임에도 불구하고 그 평판은 땅에 떨어졌다. 이게 다 뱀 기름 약장수들의 과장광고 때문이다. 가짜 약장수들은 뱀 기름을 만병통치약으로 속여 팔았고, 구경하는 사람들 사이에 '바람잡이'까지 심어두었다.[26] 어떤 약장수는 뱀 기름을 묽게 희석하거나 아예 전혀 다른 것을 가져다 팔기도 했다. 얼마 안 가 사람들은 그들의 말을 (그리고 뱀 기름의 효용성도) 믿지 않게 되었다.

과도한 보상에 대한 약속은 무언가를 감추고 있다는 심리적 지표로 읽힌다. 우리가 완벽한 이미지를 내보이려는 시도를 뒤로 물려야 하는 또 다른 이유인 셈이다.

"완벽하지는 않지만 노력했습니다"처럼 진심을 담은 말은 무언가 더 듬직한 느낌을 준다. "완벽하지는 않지만 노력했습니다"라고 강조해서 표현했다는 점을 명심하자. 좌우명으로 삼아도 좋은 말이다. 실제로 이 말은 완벽주의를 고치는 일반적인 해결책도 될 수 있다. 완벽주의와 미적거림이 우리를 괴롭힌다면 '일단 해보고 결과를 보면 된다'는 마음으로 스스로를 내던져보자.

인간은 자신이 공감하는 것을 신뢰하며, 또한 완벽하지 않은 행동을 하는 완벽하지 않은 사람에게 공감한다. 노련한 강연자는 자기 자랑을 늘어놓지 않는다. 자기 자랑보다는 오히려 스스로를 조롱거리로 삼는 농담을 즐겨 할 줄 안다. 청중과의 교감이 목표라면 그것이 더 똑똑한 방법이다.

물론 자기 자랑을 늘어놔 사람들의 환심을 얻을 수도 있지만, 사람들의 감정에 파고들 수 있을 때나 가능한 일이다. 그렇지 못한 상태에서 자기 자랑만 한다면 사람들은 등 돌리고 말 것이다. 만약 어떤 이가 자신이 한 일을 낮춰 말했는데 다른 이가 그 사람의 업적을 크게 칭찬한다면, 사람들은 새삼 인상 깊다는 눈길로 그 사람을 다시 볼 것이다. 사회자가 강연자를 소개하면서 그의 지난 업적을 대신 설명해주는 것이 일반적인 관행인 이유도 여기에 있다. 강연자가 강단에 올라 강연을 시작하기에 앞서 자신이 얼마나 훌륭한 사람인지 청중에게 설명한다면 청중은 그 자리에서 일어나 나

가버릴 수도 있다.

겸손함은 뱀 기름 약장수와는 정반대되는 심리적 지표다. 자신의 훌륭함을 한껏 낮추는 사람일수록 훨씬 훌륭해 보인다. 겸손함은 그 사람이 '그 자리에 이미 올라섰고' 그렇기에 스스로를 치켜세우거나 대단한 사람인 양 보이게 만들 필요가 없다는 인상을 상대에게 심어준다.

자신에 대한 호감을 높이고 싶다면 완벽한 사람처럼 보이려 노력하지 마라. 본인의 약점을 허심탄회하게 내보이고, 허세를 버려라. 전혀 복잡하지 않다. 완벽주의를 내던지는 순간 당신을 보는 사람들의 시선은 더 따뜻해질 것이다.

비완벽주의자의 성공 프로세스

비완벽주의는 여러 단계의 프로세스를 거친다. 프로세스의 어떤 단계에서건 완벽주의가 갑자기 끼어들어 모든 것을 망칠 수도 있다. 성공적인 비완벽주의자가 밟는 전체 사이클은 다음과 같다.

1단계: 완벽하지 않은 아이디어

2단계: 완벽하지 않은 결정

3단계: 완벽하지 않은 행동

4단계: 완벽하지 않은 적응

5단계: 완벽하지는 않지만 성공적인 결과

위의 각 단계마다 나는 내 인생에 커다란 축복이 되어준 것을 하마터면 완벽주의 때문에 다 망칠 뻔한 적이 있었다.

1단계: 완벽하지 않은 아이디어

"블로그를 시작해볼까?"

문제점: "블로그로는 돈을 벌 수 없어. 나는 지금 일자리가 필요한데, 블로그를 하는 건 시간 낭비일 것 같아."

2단계: 완벽하지 않은 결정

"잘될지 의문이지만 그래도 어쨌든 블로그를 시작할 거야."

문제점: "어디서부터 시작해야 할지 모르겠어. 전혀 경험이 없잖아."

3단계: 완벽하지 않은 행동

"우선 무엇을 해야 할지는 알겠어. 도메인 이름은 deepexistence.com 으로 등록해야지. 다음으로는 워드프레스를 설치하고, 테마를 선택하고, 포스트 올리는 방법을 알아봐야 해. 다 했다. 트래픽을 만들려면 게스트 포스트를 몇 개 써서 올려야지. 재밌겠다!"

문제점: "배우는 데 시간이 너무 오래 걸리네. 벌써 테마를 수십 번은 바꿨어. 처음에 올렸던 포스트는 지금 보니 별로야."

이 단계에 이르면 행동을 시작하는 순간 내부의 완벽주의자는 훨씬 잠잠해진다. 두려움에 벌벌 떨던 완벽주의자가 예상했던 것에 비해 실제 상황이 열 배는 더 좋기 때문이다. 처음에 걱정했던 문제들이 하나둘 눈에 띌 수는 있지만, 일단 실제로 닥쳐보니 걱정과는 다르게 별달리 큰 문제로 여겨지지 않는다.

4단계: 완벽하지 않은 적응

"블로그를 만들긴 했지만 성공적이지가 않네. 2년이나 노력했는데도 구독자가 고작 440명이야. 같은 기간 동안 다른 블로거들이 거둔 성과에 훨씬 못 미치는걸. 디자인이 문제인지, 다루는 분야가 너무 광범위한 것은 아닌지, 아니면 전체적으로 뭔가 많이 부족한 것은 아닌지 다 미심쩍어."

문제점: "실패한 것 같아. 상대적으로 볼 때 아직은 초라하기만 해."

그래도 블로그를 중단하지는 않기로 했다. 그동안 배운 것을 바탕으로 조금씩 적응하기로 했다. 테마를 바꾸고, 포커스를 (초점과 습관 형성으로) 좁히고, 글을 늘리고, 게스트 포스트 전략도 변화시키기로 했다.

5단계: 완벽하지는 않지만 성공적인 결과

지금 나는 꿈을 이루며 살고 있다. 블로그가 직접적인 돈벌이는 되지 않지만, 그래도 책이나 강연처럼 내 밥벌이에 도움이 되는 상품을 만들기 위한 일종의 플랫폼 역할은 톡톡히 하고 있다. 더욱이 이렇게 만들어진 결과물은 다른 사람들의 삶을 개선하는 데 도움을 주고 있다. 그것이야말로 내 인생에서 가장 보람찬 결과다.

블로그를 만들고 개선하기 위해 이런저런 노력과 과정을 거치면서 내 글쓰기와 마케팅, 조사, 전략, 편집 능력도 한결 향상되었다. 비록 시작은 거북이처럼 느렸을지라도, 여러 변화를 거치며 나는 9,400명의 구독자를 모을 수 있었다.

그러기까지는 오랜 시간이 걸렸다. 그만둬야겠다는 생각도 여섯 번이나 했다. 위의 단계에는 완벽하지 않은 생각과 행동이 도처에 자리 잡고 있다. 한 단계를 넘어 다음 단계로 들어갈 때마다 나는 완벽하지 않기 때문에 그냥 포기해버리고픈 마음이 굴뚝같았다. 물론 지금도 완벽하지는 않다. 하지만 그럭저럭 괜찮은 편이고,

그렇기에 나는 끈기를 가지고 나아가고 있다!

이것이 인간의 삶을 살펴볼 때 가장 중요한 부분이다. 인생에는 온갖 사고와 사건이 일어나기 때문에 완벽한 계획과 완벽한 시나리오는 존재할 수가 없다. 계획을 세우는 능력도 물론 큰 도움이 되지만, 변화하는 환경과 문제에 적응하는 것도 못지않게 중요하다. 완벽하지 못한 자신이, 세상이, 그리고 타인이 우리에게 아주 많이 그리고 지속적으로 영향을 준다는 사실을 이해해야 한다. 이것이 바로 비완벽주의가 추구하는 인생의 과정이다.

지금 하고 있는 일에만 집중하라

비완벽주의자로 사는 것이 왜 더 행복한지 알아보았다. 어떤가? 비완벽주의자가 되는 것에 매력을 느끼게 되지 않았는가? 지금부터는 비완벽주의자가 되려면 어떻게 행동해야 하는지 설명하려 한다. 첫째로는 비완벽주의의 가장 기본적인 마인드를 살펴볼 것이다. 그것은 어떤 문제에도 도움이 될 것이다.

일반론에서 시작해 구체적인 해결책으로 진행하는 이유는 완벽주의의 문제가 여러 형태와 특징으로 존재할 수 있기 때문이다. 전체적인 사고방식이 완벽주의에 젖어 있을 수도 있고, 아니면 타인의 허락을 필요로 하거나 과거의 일에 대해 생각할 때처럼 어떤 부분에서만 완벽주의를 가지고 있을 수도 있다.

지렛대는 '무겁거나 단단히 고정된 물건을 움직이기 위해 중심축에 의지해 한쪽 끝에는 물건을 대고 다른 끝에는 압력을 가해 이용하는 딱딱한 막대'[27]다. 아무 보조수단 없이 하는 것보다 지렛대를 이용하면 훨씬 적은 힘으로 물건을 들어 올릴 수 있다. '있으나 마나 한 힘'으로 상황을 바로잡으려 노력하는 것보다는 더 현실적인 기준을 마련하는 것이 쉽다는 점에서 앞으로 설명할 내용은 비완벽주의를 도와주는 지렛대와 비슷하다. 지렛대는 비완벽주의 마인드의 '중심축'이다.

무엇에 신경을 쓰는지가 완벽주의와 비완벽주의를 결정한다. 아래에 적은 목록은 비완벽주의자가 되기 위해 우리가 신경을 써야 하는(또는 쓰지 말아야 하는) 부분이다. 이 충고를 따르면 훨씬 행복한 생활을 누리게 될 것이라고 장담한다.

- 결과에 신경 쓰기보다는 해야 할 일을 시작하는 데 관심을 기울인다.
- 문제 자체가 아니라 문제를 헤치고 나아가는 데 더 많이 신경을 쓴다. 바로잡아야 할 부분이 있으면 해결책을 마련하는 데 초점

을 맞춘다.
- 남의 생각에 신경을 쓰기보다는 나 자신은 어떤 사람이 되고 싶고 무엇을 하고 싶은지에 더 관심을 기울인다.
- 잘하는 것이 아니라 일단은 하는 데 더 관심을 기울인다.
- 실패를 걱정하기보다는 성공을 더 많이 생각한다.
- 타이밍보다는 해야 할 일 자체에 관심을 더 많이 쏟는다.

종합적으로 말하면, 조건이나 결과에 전전긍긍하지 않고 자신의 본모습에, 그리고 생활 속에서 앞으로 나아가기 위해 지금 할 수 있는 일을 하는 데 정신을 집중하는 것이 우리 인생을 위해 훨씬 도움이 되는 개념이다. 한번 생각해보자.

친목활동을 두려워하는 사람들은 오히려 사회적 상호관계에 굉장히 관심이 많은 사람들이다. 그들은 원만한 사교적 대화를 완벽하게 나누고 싶은 마음이 너무 큰 나머지 친목을 도모할 상황 자체를 아예 피하곤 한다. 그리고 사교 모임에서 자연스럽게 행동하지 못하는데, 사람들에게 어떻게 말을 걸어야 하는지, 순탄하고 유쾌하게 대화를 나누려면 어떻게 해야 하는지, 혹시 말실수를 하지는 않을지 괜스레 걱정하기 때문이다.

우울증에 걸린 사람들은 오히려 남들보다 부정적인 생각을 차단하고 싶은 마음이 훨씬 크다. 하루는 레프 톨스토이의 동생이 그에게 백곰에 대한 생각이 안 들 때까지 방 한구석에 가만히 앉아 있어보라고 말한 적이 있다. 그날 저녁 느지막하도록 톨스토이는 구석에 꼼짝 않고 앉아 있었다. 생각을 멈춰야 하는데도 백곰이 머릿속에서 계속 어른거려서였다. 비슷한 실험이 여러 연구에서 행해졌고 결과는 언제나 같았다. 사람들에게 무언가를 금지시키거나 머릿속에서 무언가를 떠올리지 말라고 했더니, 마치 부메랑이 돌아오듯 그것에 대한 생각이 끈질기고 지속적으로 떠올랐다. 켈리 맥고니걸Kelly McGonigal은 『왜 나는 항상 결심만 할까?The Willpower Instinct』에서 "부정적인 생각을 억누르려고 하면 할수록 우울증이 심해질 가능성이 높다는 것을 연구결과는 보여준다"고 말한다.

극도로 긴장한 상태에서 시험을 보는 사람들은 오히려 좋은 점수를 얻고 싶은 마음이 남들보다도 훨씬 크다. 하지만 심하게 긴장하면 오히려 공부한 내용이 떠오르지 않을 수도 있다.

극도로 긴장하면 어떻게 되는지 내가 겪은 경험담이 있다. 건강하고 평온한 일상을 보내던 내가 어느 날 거미에 물리는 일이 발생했고, 그 이후 정신을 차리지 못할 정도로 온갖 사건이 벌어졌다. 응급실에 세 번이나 실려 간 것은 큰일도 아니었다. 그보다는 정신적으로 굉장히 예민하고 나약해졌다는 것이 더 심각한 문제였다. 거미에 물린 후 나는 순간순간의 감정에 지나치게 빠져들었다. 혹시 내 건강에 큰 문제가 생긴 것은 아닌지 알아보기 시작했고, 그 이후에는 심하다 싶을 정도의 건강염려증까지 생겨났다. 심지어는 침대 구석에 웅크리고 누워 벌벌 떨면서 공연히 걱정에 사로잡혔고, 내가 초조해하고 있다는 사실 때문에 더 초조해했다.

지금의 나는 물이 흐르면 흐르는 대로 몸을 맡기는 해파리처럼 평온하다. 공연히 사서 걱정하고 초조해지는 것에 신경을 쓰지 않는 방법을 익힌 덕분이다. 나는 때와 장소를 가리지 않고 초조하고 불안한 마음이 들려고 할 때마다 신경 쓰지 않는 방법을 익혔다. 흘러가는 상황을 인정했고 괜히 사서 걱정하지 않았다. 무감각하게 구는 것이 나를 위기에서 구해주었다!

걱정과 염려를 중단하라는 것은 일반적으로는 위험한 충고다. 그러나 올바르게 사용하는 무감각과 무관심은 인생을 바꾸는 특효약이 될 수 있다. 무감각과 무관심의 적절한 사용법은 위에 적은 목록이다. 중요한 내용이니 다시 한번 정리하겠다.

- 결과에 신경 쓰기보다는 해야 할 일을 시작하는 데 관심을 기울인다.
- 문제 자체가 아니라 문제를 헤치고 나아가는 데 더 많이 신경을 쓴다. 바로잡아야 할 부분이 있으면 해결책을 마련하는 데 초점을 맞춘다.
- 남의 생각에 신경을 쓰기보다는 나 자신은 어떤 사람이 되고 싶

고 무엇을 하고 싶은지에 더 관심을 기울인다.
- 잘하는 것이 아니라 일단은 하는 데 더 관심을 기울인다.
- 실패를 걱정하기보다는 성공을 더 많이 생각한다.
- 타이밍보다는 해야 할 일 자체에 관심을 더 많이 쏟는다.

이것이 우리의 전체적인 목표 방향이다. 단순히 걱정을 하고 신경을 쓰는 것만이 아니라 얼마나 걱정하고 신경을 써야 하는지도 조절해야 한다. 비완벽주의는 특정 부분에 대해서는 걱정을 덜 하는 것을 의미한다. 걱정을 덜 하고 신경을 쓰지 않으면 편안한 마음으로 그 부분을 대할 수 있다. 마음을 편하게 먹는다는 것은 크게 근심하거나 신경이 분산될 소지가 줄어든다는 뜻이고, 그러면 무엇에 초점을 맞춰야 하는지 분명하게 정할 수 있다. 다시 말해 원하는 만큼 그 부분에 정신력을 더 많이 쏟을 수 있다는 뜻이다.

 핵심 솔루션

완벽주의 버리기 연습
—

1. 행동에 대한 초점 바꾸기

매일 1분씩 아래의 목록을 떠올리고 여기에 관심을 집중한다고 상상하라.

- 결과에 신경 쓰기보다는 해야 할 일을 시작하는 데 관심을 기울인다.
- 문제 자체가 아니라 문제를 헤치고 나아가는 데 더 많이 신경을 쓴다. 바로잡아야 할 부분이 있으면 해결책을 마련하는 데 초점을 맞춘다.
- 남의 생각에 신경을 쓰기보다는 나 자신은 어떤 사람이 되고 싶고 무엇을 하고 싶은지에 더 관심을 기울인다.
- 잘하는 것이 아니라 일단은 하는 데 더 관심을 기울인다.
- 실패할 것을 걱정하기보다 성공을 더 많이 생각한다.
- 타이밍보다는 해야 할 일 자체에 관심을 더 많이 쏟는다.

2. 과정에 중심을 두고 행동하기

매일 1분씩 그날 할 일을 떠올리고 아래의 과정을 진행한다고 생각하라. 각 단계마다 완벽하지 않을 수 있음을 인정하면 그날 해야 할 핵심목표 한두 가지 이상을 달성하는 데 큰 도움이 될 수 있다고 상상하라.

1. 완벽하지 않은 생각과 아이디어
2. 완벽하지 않은 결정
3. 완벽하지 않은 행동
4. 완벽하지 않은 적응
5. 완벽하지는 않지만 성공적인 결과

다음은 운동을 예로 들어 과정 중심 전략이 어떻게 도움이 되는지 보여준다.

1. 오늘 헬스클럽에 가서 운동하고 싶은데 내가 생각한 운동 순서가 완벽하지 않은 것 같아. 게다가 헬스클럽에서 내 몸이 어떻게 보일지도 신경이 쓰여.
2. 몇 가지 다른 일들을 처리하지 못하겠지만 그래도 운동하러 가야겠어.

3. 운동을 하고는 있는데 별로 에너지가 안 생기네. 그래도 계속해야지.
4. 윽! 덤벨을 떨어뜨려서 발가락을 찧었어. 다음에는 덤벨은 하지 말아야지.
5. 결과도 미심쩍고 완벽하지도 않았고 발가락도 부어올랐지만 내가 운동을 한 건 더 건강해지고 튼튼해지기 위해서야.

비완벽주의 프로세스에서는 마지막 5번 단계가 굉장히 중요한데, 앞의 완벽하지 않았던 과정들을 중요하지 않은 것으로 바꿔주기 때문이다. 운동을 하고 난 후, 정원의 잡초를 뽑고 난 후, 아니면 소설을 몇 쪽 쓰고 난 후 우리는 무언가 해냈다는 자부심을 느낀다. 그렇기에 중간 과정이 완벽하거나 이상적이지 않았어도 문제가 되지 않는다!

Chapter

4

눈을 낮추고 지금에 만족할 줄 안다

"기대치를 0으로 줄이는 순간
자신이 가진 모든 것을 제대로 평가할 수 있게 된다."

−스티븐 호킹

완벽주의와 비완벽주의는 감정과도 강력하게 연결되어 있다. 완벽주의는 죄책감, 불안, 열등감, 낮은 자긍심, 성급함과 같은 감정을 만든다. 비완벽주의는 만족, 행복, 기쁨, 차분함, 건강한 자부심의 감정을 만들어낸다.

어느 쪽이 좋은지는 말하지 않아도 분명하지만, 이게 정말인지 어떻게 확인할 수 있겠는가? 나는 무엇으로든 다 확인할 수 있다는 입장이다. 왜 그런지 이제부터 설명할까 한다.

우리의 감정은 주로 기대치에서 만들어진다. 일반적으로 우리는 기대치를 채우거나 초과하면 긍정적인 감정을 경험하고, 기대치에 못 미치면 부정적 감정을 느낀다. 단순한 진실이다.

심리학자 마이클 샤이어Michael Scheier와 찰스 카버Charles Carver의

'자기 조절에 관한 인공두뇌학적 모형'이 설명하는 바에 따르면 "감정은 행동과 결과가 자아 목표에 얼마나 부합하는가, 혹은 부합하지 못하는가에서 나온다"고 한다.[28] 기대치란 자아 목표의 약한 버전이고, 두 사람이 말한 개념은 기대치에도 마찬가지로 적용된다. 예상 못한 상여금 액수에 우리는 입이 귀에 걸리고, 생각보다 훨씬 높은 청구서 액수에는 눈이 튀어나온다.

완벽주의는 인간을 우울증이나 심지어 자살로 이끌기도 한다. 완벽한 기대치와 비교했을 때 현실이 너무나 처참하기 때문이다. 많은 사람은 감정을 다스려 더 긍정적인 사람이 되려고 노력하지만, 앞에서도 설명했듯이 감정이라는 것은 '진짜로' 바뀌기가 매우 힘들다. 낙관적인 사람이 되고 싶다면 감정을 직접 요리하려 해서는 안 된다. 대신에 그런 감정을 불러일으키는 요인을 바꾸는 것이 더 효과적인 전략이다.

변화하기 위한 가장 효과적인 전략은 먼저 가장 고치기 쉬운 부분부터 과녁으로 삼는 것이다. 한 예로 쿠키 먹는 양을 줄이고 싶으면 선반에 쿠키를 가득 쌓아놓고 의지력을 발휘하는 것보다는, 마트에서의 구매 행동부터 바꾸는 것이 더 나은 전략이다. 마찬가지로, 무언가에 대한 감정을 바꾸고 싶다면 감정을 불러일으키는 요인인 기대치를 조절하는 것이 최선의 방법이다.

기대치가 감정을 좌우한다

기대치는 실체도 없고 본질적으로는 의미도 없다. 기대치라는 유동적 척도는 우리에게 결과가 이래야 한다, 혹은 저래야 한다고 지시한다. 기대치는 하나로 못 박아도 되고 가변적이어도 상관없다 (가령 정확히 18점을 기대해도 되고, 15~25점 사이를 기대해도 된다). 높은 기대치 이상으로 현실이 아주 좋으면 우리는 환희에 젖는다. 현실이 기대치의 바닥을 뚫고 곤두박질치는 순간 우리는 절망에 빠진다. 얼마나 크게 낙담하는지 혹은 하늘을 나는 기분인지는 처음의 기대치에 비례한다. 다음의 간단한 예는 기대치의 힘과 그것이 우리의 감정을 어떻게 좌우하는지 잘 보여준다.

돈은 처음에는 행복감을 높여주지만, 연구결과에 따르면 돈의 효과는 시간이 지날수록 줄어든다. 돈이 많을수록 기대치도 늘어나기 때문이다. 버는 액수에 대해서도 마찬가지다. 하루에 10달러의 소득을 기대한 사람이 100달러를 벌면 크게 기뻐할 것이다. 반대로 하루에 1,000달러의 소득을 기대한 사람에게 100달러의 소득은 실망감만 안겨준다. 결국 두 사람은 100달러를 벌었다는 결과는 똑같지만 여기에 반응해서 나오는 감정은 정반대다.

물론 현실은 그렇게 단순하지 않다. 인간은 두 종류의 기대치를 가진다. 하나는 전체적인 기대치이고, 다른 하나는 구체적인 기대치다. 일단 핵심부터 요약하자면 이렇다. (자신감을 위해) 전체적인 기대치는 높게 정하고 (회복탄력성을 위해) 구체적인 기대치는 낮게 정하는 것이 가장 좋다.

전체적인 기대치는 스스로에게 전반적으로 거는 기대를 말한다. 이것은 인생의 천장이다. 우울함에 빠지면 전체적인 기대치도 가라앉고, 낙관적인 성격인데다 성공적인 인생을 누리고 있다면 전체적인 기대치도 같이 올라갈 것이다. 아주 간단히 말해 전체적인 기대치가 높은 사람은 낙관적이지만, 그렇다고 모든 구체적인 시나리오나 사건에 다 적용되지는 않는다. 전체적인 기대치가 낮은 것은 큰 문제인데, 넘어설 수 없는 천장이 만들어지기 때문이 아니라 넘어서기 위해 노력조차 하지 않을 천장이 만들어지기 때문이다.

우리는 사교 활동, 근무, 운전, 운동 등등 매일 부딪치는 상황을 마주할 때에도 나름의 구체적인 기대치를 만든다. 파티에 가기로 했다면 어떤 식으로 사람들과 대화를 나눠야 할지 어느 정도 구체적인 기대치를 정하게 되는 식이다. 일이 꼬이는 것도 이 부분이다. 완벽주의자는 분위기를 망치는 데 일가견이 있기 때문이다.

완벽주의에 사로잡힌 사람일수록 뜬구름 잡기 식으로 구체적인 기대치를 너무 높게 세우기 때문에 전체적인 기대치와 자신감, 자긍심은 바닥을 긴다. 예를 들어 사교 활동에 대한 완벽주의자의 기대치는 '제임스 본드' 시리즈를 연상시킨다. 사교 활동에서 완벽주의를 꾀하는 사람은 모든 사교적 대화를 유쾌하고 편안하고 완벽하게 이끌어야 한다고 생각한다. 그러나 이런 구체적인 기대치를 채우지 못하는 탓에 자신감과 전체적인 기대치는 낮아진다.

이로써 악순환이 만들어진다. 사교 모임에서 대화를 시작하는 즉시 (또는 대화를 시작하기도 전에) 완벽주의자의 기대는 산산조각이 난다. 저기서 저런 말을 하면 안 되지, 저런 순간에 왜 저렇게 말하는 거야, 왜 이렇게 다들 입을 다물고 있는 거야, 입을 다물어야 할 때는 조용히 해야지, 주제가 시들해, 저 사람들 진땀 좀 빼겠는걸, 저 사람들 긴장 좀 해야겠는걸, 상대가 긴장하겠어, 왜 얼굴도 제대로 안 보고 말하는 거야. 이런 식으로 완벽주의자들은 아주 사소한 흠집을 수도 없이 찾아낸다.

낮은 전체적 기대치와 높은 구체적 기대치는 이런 식으로 서로 맞물리며 우리를 땅으로 끌어내린다. 높은 구체적 기대치에 부응할 수 없다는 사실이 전체적 기대치를 낮추고, 그로 인해 모든 것이 다 나빠진다. 하지만 이 시나리오를 반대로 뒤집는다면 어떨까? 사교 모임에서 완벽주의자를 꿈꾸는 사람이 전체적인 기대치는 높게 하고 구체적 기대치는 낮춘다면?

새로운 시나리오에서 이 사람의 전체적 기대치는 긍정적이다. 삶을 전체적으로 놓고 보면 좋은 일들이 많이 일어날 것이라는 자신감이 있기 때문이다. 하지만 사교 활동이라는 구체적인 일에 대해서는 기대치를 낮게 잡는다. 그는 살다 보면 완벽하지 않은 일들이 무수히 벌어질 수 있다는 사실을 이해하고 있다. 그리고 잘못되는 일도 있을 수 있다는 사실을 받아들인다.

이 사람이 파티에서 대화를 나누는 중에 트림을 하게 되었다고 상상해보자. 그러면 웃으면서 "죄송합니다"라고 말하고 계속 대화를 나눈다. 민망한 행동이 오히려 사람들에게 웃을 기회를 만들어주면서 아까보다도 분위기가 더 밝아진다. 사람들은 그가 당혹스러운 순간에도 편안하게 잘 처신하는 사람이라고 생각하게 되고, 그러면서 그들 역시 더 편안하게 대화를 나눈다. 밤늦도록 완벽함과는 거리가 먼 일이 수도 없이 있었지만 그는 즐거운 시간을 보냈고 그러면서 그의 전체적 기대치는 전보다 높아졌다. 그가 파티에서 능수능란하게 대화를 나누었기 때문이 아니라 구체적인 기대치를 억누르고 있었기 때문이다. 그가 어떤 순간이나, 어떤 특정한 대화나, 그날 밤 파티에 헛된 희망을 걸지 않았던 덕분이다.

차이점을 이해하겠는가? 하나하나의 사건과 일에 대해 기대를 전혀 또는 거의 하지 않으면 문제가 생기고 실수를 해도 충격을 받지 않기 때문에 자신감이 길러진다. 상황이 악화되더라도 전체적으로 꾸준히 높게 유지해온 자신감에 의지할 수 있게 된다. 미미할 정도로 가벼운 불완전함의 산들바람에도 바람 속의 낙엽처럼 이리저리 구르는 신세에서 벗어날 수 있다.

참 아이러니하게도, 사회적 상호관계에서 많은 것을 기대하는 사람일수록 기여도 적고 받는 것도 적다. 이것이 완벽하지 못한 사람들로 가득한 흠집투성이 세상에 살면서 완벽함을 기대할 때 생기는 결과다. 지구라는 행성에 놓인 완벽주의자는 물에 칼륨을 넣은 것과 같은 결과를 만든다. 펑, 터지는 것이다.

비완벽주의자는 인위적으로 굴지 않는다. 그렇다고 비완벽주의를 더 행복해지기 위한 '눈속임'으로 삼아서는 안 된다. 동전의 양면 중 현실에 맞지 않고 말도 안 되는 면은 완벽주의라는 사실을 기억하라. 무엇이건 다 완벽하게 할 수 있다는 생각은 논리에도, 인류의 역사에도, 모든 사람의 경험에도 완전히 정면으로 배치된다.

사교 활동은 구체적 기대치와 전체적 기대치가 어떻게 순환하면서 자신감을 높이거나 낮추는지 보여준 한 가지 예에 불과하다. 직장에서도, 면접에 응할 때도, 생산적인 사람이 되려 할 때도, 운동 경기를 할 때도, 그 밖의 다른 여러 활동에도 똑같은 개념이 적용된다. 어떤 특정한 일에 대해 지나치게 높은 기대를 걸었다가 거기에 부응하지 못하면, 우리의 자신감과 인생관은 충격을 입는다. 스스로에 대해서는 전체적으로 자신감을 높이되 하나하나의 사건이나 일에 대해 괜한 기대를 거는 것을 멈춘다면, 우리는 더 꾸준한 승자가 될 수 있고 더 즐거운 인생을 누릴 수 있다.

오늘을 충분하다고 느끼는 첫날로 삼아라
—

1994년, 그런지 록 밴드 너바나의 멤버 커트 코베인이 자살했다. 코베인은 유서를 남겼는데, 유서에는 그가 완벽주의와 얼마나 힘겹게 싸웠는지 보여주는 두 개의 문장이 담겨 있었다.

"가끔 나는 무대를 내려오기 전에 출퇴근 시간기록계라도 찍어야 할 것 같은 느낌이 들곤 한다. 나는 언제나 무대에서 공연하는 것에 감사하는 마음을 가지려고 힘껏 노력했다(정말로 그랬다. 신이여, 나를 믿어주기를. 하지만 그것으로는 충분하지 않다)." - 커트 코베인의 유서 중

코베인은 무대에서 공연하는 것에 감사했지만 그것으로는 충분하지 못했다고 말한다. 코베인의 유서를 읽은 후 나는 그가 심각한 완벽주의자라는 느낌을 받았다. 아무래도 그의 주된 문제는 비현실적인 기대와 그 안에 깃든 '충분해'의 개념인 듯했다.

완벽주의자는 강력한 '절대로 충분하지 않아' 편향을 겪는데, 당신에게 지금 이 책을 읽는 순간을 만족해보라고 권하고 싶다. 어차피 인생은 불완전한 것이고 그러니 삶을 받아들여야 한다. '이거면 충분해'라고 생각하기를 바란다.

만족한다고 해서 수동적으로 굴라는 의미는 아니다. 만족은 개인적 성장을 위한 가장 고차원적인 환경 설정이며, 마음을 깨끗이 털어내고 순수하게 조건 없이 자신과 세상에 중요한 무언가를 하겠다는 욕구다. 만족은 우리를 감정적 막막함과 수동적 행동에 빠지지 않게 해준다.

인생에서 충분해지는 날이 오지 않을 거라고 생각하면 막막해진다. 낮에는 시간이 충분하지 않아, 잠을 충분히 못 잤어, 아침식사가 부족했어, 돈이 충분하지 않아…. 이것도 저것도 다 충분하지 않고, 그 이유는 끝도 없다.

그러나 우리는 한계에 부딪혀도, 흠집투성이어도, 죽음을 향해 째깍째깍 카운트다운 중이어도, 평화를 얻을 수 있다. 지금의 인생에서 제대로 진행되고 있는 것에 초점을 맞추는 순간 가혹한 환경에서도 만족감을 얻을 수 있다. 아직은 숨을 쉬고 있지 않은가? 사랑하는 누군가가 곁에 있지 않은가? 그런 것은 언제나 찾을 수 있고, 찾기 위해 노력해야 한다.

자신 말고는 그 누구도 본인에게 무엇이 충분하지 결론 내릴 수 없다. 사회의 많은 부분이 우리가 충분하다고 느끼는 감정에 영향을 미칠 수 있고 실제로도 그렇지만, 그것은 단순히 영향에 불과할 뿐 최종 결정은 될 수 없다. 오늘을 충분하다고 느끼는 첫날로 삼고, 거기에 자연스레 따라오는 자유와 기쁨을 즐겨보라.

물론 불만족이 긍정적 변화를 위한 추진제가 되기도 한다. 지금의 생활이 이것저것 다 불만이라는 느낌이 오히려 변화의 강력한 불꽃이 될 수도 있다. 만족의 중요성과 울화에 가득 찬 불만족 사이에서 균형을 맞추려면 어떻게 해야 할까?

'충분해'라는 건 구체적으로 정해진 충분함이 아니다. 보통은 양적인(그리고 정도는 덜하지만 질적인) 만족감을 의미한다.

기대치가 비현실적으로 너무 높은 사람들은 '절대로 충분하지 않아'라는 생각에 지배당한다. 이것은 굉장히 순수한 불만족이기 때문에 더 나아가게 만드는 동기부여의 추진력보다는 인생에 대한 불만족이 압도적으로 강하다. 순수한 불만족은 언제나 마약을, 슬롯머신을, 술을, 담배를 한 번 더 해야 할 필요성을 느끼는 중독자처럼 무기력하다. 이런 '절대로 충분하지 않아'라는 사고방식은 감정적 괴로움에 기름을 붓는다. 아무리 많이 해도 완벽주의자는 스스로에게 다 채워졌다는 만족감을 허락하지 않는다.

'절대로 충분하지 않아'의 긍정적 버전은 '그다지 성에 차는 건 아니야'다. 인생에 만족하는 것은 아닐지라도 건강한 방식으로 표출된 불만족이다. 오늘 해야 할 턱걸이 횟수를 못 채웠거나, 글을 200단어 정도 더 쓰기를 원한다거나, 세금을 일찍 정산하기로 결심하는 등의 불만족 말이다. 이런 종류의 '충분하지 않아'는 개인이 성장하기 위한 건강한 야망이다!

둘 사이의 차이점은 '그다지 성에 차는 건 아니야'에는 숨은 결말이 담겨 있다는 것이다. '절대로 충분하지 않아'가 사냥개가 아무리 뛰어도 잡을 수 없는 토끼라면, '그다지 성에 차는 건 아니야'는 마음속에서 쫓는 토끼를 잡을 수 있게 해주고 보상과 만족감까지 선사한다. 비슷한 말처럼 보여도 그 근원과 의미와 미치는 영향은 정반대다. 무척이나 흥미로운 점이다.

'절대로 충분하지 않아'는 전체적인 불만족과 불안, 무기력함에 뿌리내리고 있다. 여기에는 아무리 노력해도 뿌듯한 만족감은 얻을 수 없다는 의미가 담겨 있다. 끝이 보이지 않기 때문에 만족도 없다. 오직 죄책감과 수치심만 존재한다. 완벽주의자는 계속해서 자신의 행동에서 만족감을 찾으려 하지만, 만족감은 그런 행동을 자신이 어떤 생각으로 바라보는지에서 얻을 수 있을 뿐이다.

'그다지 성에 차는 건 아니야'의 근원에는 설렘과 자신이 얻은 힘, 기쁨, 그리고 만족이 있다. 여기에는 자신의 필요가 이미 어느 정도 충족되었지만 그 이상을 원하고, 더 많이 노력하면 더 큰 만족감도 불가능하지 않다는 의미가 담겨 있다. '그다지 성에 차는 건 아니야'라는 생각이 드는 것은 어쩔 수 없어서, 혹은 죄책감 때문에 더 많이 움직여야 한다고 생각해서가 아니다.

본인이 완벽주의자라면 이 두 가지를 유심히 분석한 후 식별하는 방법을 배워야 한다. 자신이 상황을 바라보는 태도가 '절대로 충분하지 않아'인지 '그다지 성에 차는 건 아니야'인지 스스로에게 물어보아야 한다. 지금 자신이 어느 쪽을 사용하는지 알아보는 가장 간단한 방법은 떠오르는 감정을 분석하는 것이다. '절대로 충분하지 않아'에는 초조함과 좌절, 무기력감이 동반한다. '그다지 성에 차는 건 아니야'에는 열의와 흥분, 희망이 동반한다.

얼마만큼이 충분한 정도인지 정해놓지 못하면 '절대로 충분하지 않아' 마인드는 살아나고 또 살아난다. 이를테면 좋은 책을 쓰고 싶다는 추상적인 일일지라도 자신의 마음에 드는 책이 어떤 모습인지 어느 정도 현실적인 기준을 정하는 것이 가능하다. 연습을 할수록 요령이 느는데, 이를 위해서는 해당 분야와 일에 대한 자신의 기대치가 얼마이고 얼마만큼이 충분한 정도인지 평소에도 잊지 말아야 한다. 작은 습관은 이런 마인드를 붙들어 매어주는 훌륭한 방법이다. 하루에 정원의 잡초 한 가닥 뽑는 것을 충분한 수준이라고 정한다면, 어느 사이에 "그다지 성에 차는 건 아니야"라는 말이 절로 나오면서 풀 몇 가닥을 더 뽑는 자신을 발견하게 될 것이다.

완벽한 시나리오는 없다

기대치가 비현실적일 만큼 너무 높은 사람은 완벽한 실행 시나리오를 꿈꾼다. 그런 사람은 책을 쓸 때에는 기운이 어느 정도 이상은 되어야 글이 한 줄이라도 나온다고 생각한다. 기운이 없을 때는 TV나 보는 게 낫고, 기운이 있을 때 무언가 능동적인 일을 하는 것이 어울린다고 생각한다. 이런 부류의 완벽주의자들은 움직이려면 동기부여가 있어야 하고, 할 마음이 들어야만 할 수 있다. 글을 쓰기에 장소가 딱 알맞아야 하고, 애용하는 도구가 있어야 한다. 커피와 간식거리를 옆에 구비해놔야 하며, 보름달이 떠 있어야 한다.

글이 많이 써질 리가 없다. 이런 기본 철학이 토스트에 버터를 바르듯 생활 전체로 퍼져나가며 그 사람을 짓누른다. 기대치가 너무 높은 사람은 이상적이지 않은 환경에서는 움직이고 싶어 하지 않는다. 그들은 무엇이 핵심인지 놓치고 있다. 무언가를 할 때의 핵심은 무언가를 한다는 그 자체다!

완벽한 시나리오가 등장하기를 기다리면서 무수히 많은 기회를 두 눈 빤히 뜨고 놓치고 있지는 않은가? 그렇다면, 그런 태도를 바꾸는 방법은 간단하다. 운동이건, 글쓰기건, 독서건, 수영이건, 춤이건, 노래건, 웃음이건, 무언가를 더 많이 하고 싶다는 생각이 들 때는 그냥 그 무언가를 하기 위한 조건을 낮추면 된다. 하수구 속에서도 얼마든지 할 수 있다고 생각한다면 다시는 안 하고 넘어가게 되는 일은 없을 것이다.

나는 하루 한 번 팔굽혀펴기를 운동의 조건으로 정한 이후 상황과 장소에 상관없이 운동을 더 많이, 그리고 더 자주 하게 되었다(나는 침대에서도, 공중화장실에서도, 술집에서도, 가게에서도 팔굽혀펴기를 했다). 그러다 보니 내 뇌와 운동의 관계도 바뀌었다. 운동은 특별한 경우에나 하는 것이라는 생각에서 벗어나게 되었고, 운동이 내 일상생활의 한 부분을 차지하고 있으며, 어디에서건 할 수 있는 것이 되었다. 이처럼 운동이 평범한 일상사가 되다 보니 헬스클럽에도 일주일에 몇 번이나 가게 되었다!

평범한 일상사가 된다는 것이 열쇠다. 그것이 인생을 영원히 바꾼다. 어떤 행동이 중요하다고 생각한다면 그 행동을 특별 행사가 아니라 일상사로 만드는 것을 목표로 삼아야 한다. 습관은 일상사이기 때문이다. 습관으로 박힌 행동은 특별 행사도 아니고 지루하지도 않다. 매일 운동하는 것을 진정으로 원하는 사람이 있다고 가정해보자. 운동하겠다는 결심을 신주단지 모시듯 소중히 하고, 30분간 운동을 하고 나서 믿기 힘들 만큼 대단한 일을 해냈다고 여기는 사람 말이다. 이 사람은 계속해서 운동을 할 수 있을까? 어느 순간에서든 결심한 행동은 꾸준히 유지할 수 있는 '일상사가 되어야 한다. 행동의 비결은 행동을 시작하는 것이다.

실행 조건을 낮게 잡는 것은 선택권을 온전히 조절할 수 있다는 뜻이다. 완벽주의자의 문제점은 '일상사로 만든다'는 목표를 무시한 채 나머지만 바꾸려 노력하고는 왜 자신은 완벽주의를 떨쳐내지 못하는지 고민만 거듭한다는 것이다. 하루에 팔굽혀펴기를 최소 50번은 해야 한다고 결심한다면 공중화장실에서는 할 수가 없다. 침대에서도 할 수 없다. 하지만 하루 한 번만 해도 된다고 생각한다면 어떤 장소에서도 얼마든지 할 수 있다. 이런 생각을 하루 온종일로 연장한다고 가정해보자. 그러면 팔굽혀펴기를 할 기회가 굉장히 많이 생겨난다.

실행 조건을 낮게 잡으면 방향을 바꿔 지속적인 변화의 과정에 초점을 맞추게 된다. 높은 조건은 높은 성과를 요구하고 완벽해져야 한다는 압박감을 심하게 가한다. 그렇기에 완벽주의자는 완벽한 일을 완벽하게 실행할 완벽한 기회만을 원하게 된다.

대다수 자기계발서의 충고에는 실행 조건을 낮게 잡음으로써 새롭게 얻는 자유에 대한 이야기가 결여되어 있다. 시간이 흐를수록, 실행 조건을 낮게 잡는 것이 압박이 심한 목표와 드높은 기대를 가지고 할 때보다 훨씬 자유롭고 자신감을 가지고 행동을 더 많이 실행할 수 있다는 사실을 깨닫게 될 것이다.

높은 기대치의 또 다른 표현방식은 결과에 지나치게 집착하는 것이다. 이제부터 우리는 결과가 아닌 과정에 초점을 맞추는 방법을 익혀야 한다. 과정 중시야말로 비완벽주의자의 핵심 중 핵심이며, 아이러니하게도 '결과에 대한 무관심'이야말로 훌륭한 결과를 이끄는 지름길이기 때문이다.

과정에 집중할 때 얻는 효과

원하는 결과를 얻는 유일한 방법은 과정이 이끄는 대로 차분히 나아가는 것이다. 무언가를 절실히 원한다는 이유로 밟아야 할 과정을 건너뛰어서는 안 된다. 비완벽주의자는 어떤 결과가 나올지 미리 걱정하지 않을 때 결과를 향한 과정이 훨씬 쉬워진다는 사실을 잘 알기에, 결과에 대한 고민에만 매달리지 않는다.

결과에 대해 무관심하다는 것이 최선의 노력을 다하지 않아도 된다는 뜻은 절대 아니다. 노력을 하지 않는 태도는 '모든 것에 대한 무관심'에서 비롯된다. 결과에 대한 무관심은 "최선을 다할 거야, 그리고 어떤 결과가 나올지는 걱정하지 않을래"라고 말할 수 있다.

이것이 인생의 황금 마인드다. 심지어는⋯ 완벽한 마인드일 수도 있다. 사람들은 결과에 무심하면 노력하는 방법도 알 수 없다고 잘못 생각한다. 이것은 동기부여와 행동의 관계와 비슷하다. 사람들은 B를 얻기 위해서는 A가 있어야 한다고 착각한다. 하지만 더 나은 결과와 성과에 대한 욕심을 내려놓고도 우리는 원하는 결과를 얻을 수 있다!

- 완벽주의자는 좋은 결과에 대한 욕구를 동기로 삼아 과정을 진행한다.
- 비완벽주의자는 과정에 초점을 맞추고 결과에 얽매이려는 마음을 내려놓는다.

그렇다면 비완벽주의자가 더 효율적으로 움직이는 이유는 무엇인가? 비완벽주의자는 결과를 위한 수단으로 과정을 이용하는 대신에 과정을 제대로 진행하는 데 몰두한다. 인생에서는 통제할 수 있는 부분에 집중하는 것이 언제나 가장 현명한 방법이고, 여기서 통제가 되는 것은 결과가 아니라 과정이다. 그렇기에 과정에 더 관심을 쏟음으로써 결국에는 결과에도 더 집중할 수 있게 된다!

결과에 집중하는 것은 노력할 필요조차 없는 일일뿐더러 몇 종류의 완벽주의(실수할지도 모른다는 염려, 행동에 대한 의심, 과거 곱씹기)를 만드는 직접적인 원인이자 기여 요인이기도 하다. 결과에 집중하면 약한 동기부여의 약한 힘을 얻을 수 있겠지만, 과정을 흐지

부지 밟게 되는 사태를 보충할 정도로 큰 힘은 아니다.

결과가 더 좋아진다

'결과에 대한 무관심'을 실천할 때 얻어지는 효과는 여러 가지가 있다.

- 성적을 지레 걱정하지 않게 되므로 시험에서 자기 실력을 더 잘 발휘할 수 있다.
- 사람들의 거부를 지레 걱정하지 않게 되므로 사교적인 모임에서도 더 편안하게 행동할 수 있다.
- 스피치를 할 때 실수하지 않을까 지레 걱정하지 않으므로 스피치를 더 잘할 수 있다.
- 초조한 감정과 생각이 떠올라도 지레 겁먹지 않으므로 두려운 마음이 줄어든다(원래 그런 것이려니 하고 억지로 물리치려 하지 않는다).
- 머릿속에 떠오르는 수많은 부정적 생각에 지레 겁먹지 않으므로 우울함이 줄어든다.
- 일을 잘해야 하고 많이 해야 한다는 생각에 시달리지 않으므로 생산성이 늘어난다.

과정에 집중하기 위해 내가 찾은 최고의 방법은 작은 습관을 가지는 것이었다. 작은 습관은 본질적으로 과정에 집중한다. 하루에 글을 한 줄 쓰기로 결심했을 때 만들어지는 결과는 인상적이지 않겠지만, 이를 통해 글 쓰는 습관이 형성되는 과정이 만들어지기 시작한다. 과정은 결과를 위해서만 존재하지 않는다. 과정은 우리가 열악한 환경을 극복하는 데에도 도움이 된다.

가혹한 환경을 이겨낼 수 있다

미처 기대하거나 준비하지 않은 상황에 처할 수도 있다는 점에서 환경은 높은 기대치의 또 다른 얼굴이다. 너무 막막해서 도무지 어떻게 다뤄야 할지 모르는 상황은 우울함, 무기력감, 나태함으로 이어질 수 있다.

미 해군 특수부대 '네이비실'은 대다수 사람보다 가혹한 환경에 익숙하다. 마커스 러트렐Marcus Luttrell의 경험담은 가혹한 환경을 어떻게 다뤄야 하는지에 대한 잊을 수 없는 교훈을 들려준다. 나는 그의 회고록 『외로운 생존자Lone Survivor』를 단 이틀 만에 다 읽었다. 손에서 책을 내려놓을 수가 없어서 결국은 밤을 새웠다. 그의 회고록은 전쟁의 잔인함과 공포를 생생할 정도로 흥미롭게 묘사하고 있으며, 용기에 관한 강력한 인생 교훈을 담고 있다. 이 책에서 얻은 교훈 하나를 나는 두고두고 잊지 못할 것이다.

사람들은 네이비실 대원이라고 하면 으레 신체적으로 강인하고 전투력도 뛰어날 것이라고 생각한다. 틀린 생각은 아니지만, 그것이 네이비실 대원이 되기 위한 결정적 요소는 아니다. 훈련교관은 마커스에게 입에서 단내가 날 정도로 힘든 네이비실의 훈련은 신체 능력이 아니라 정신력을 테스트하기 위한 것이라고 설명했다. 교관의 설명인즉, 먼저 항복하게 되는 것은 바로 정신이었다. 마커스는 지옥주간(Hell Week, 실 요원이 되기 위한 훈련 중 일주일간 잠을 안 재우는 혹독한 훈련주간—옮긴이)의 결정적 순간을 이렇게 회상한다.

"얼어붙을 듯 차가운 파도 속을 헤엄치는 동안 기온은 점점 더 살을 에어낼 듯 내려갔다. 마침내 우리를 밖으로 나오게 했고 다시금 호각이 울렸다. 우리는 모래 속으로 풍덩 파고들었다. 몸이 스멀거리고 간질거리고 불에 탄 것처럼 뜨거웠다. 다섯 명이 곧바로 포기했고 트럭에 태워졌다. 그들을 이해할 수 없었다. 이것은 전에도 했던 훈련이 아닌가. 끔찍하기는 하지만 행인지 불행인지 못 견딜 정도로 끔찍하지는 않았다. 아마도 그 다섯 명은 앞으로 남은 지옥주간의 닷새를 생각하며 지레 겁을 먹은 것 같았다. 맥과이어 대위가 해서는 안 된다고 했던 그대로였다."[29] – 마커스 러트렐(레드윙 작전의 유일한 생존자)

아무리 열심히 살려고 노력해도 저항은 언제 어디서나 등장한다. 견디기 힘든 수준으로 어려움이 심해질 것이다. 바람과는 상관없는 상황과 결과가 만들어질 것이다.

마커스에게 있어 세계에서 가장 힘들기로 소문난 군대 훈련은 이후 아프가니스탄에서 경험했던 5년에 비하면 식은 죽 먹기였다. 하지만 혹독한 훈련은 그가 어디에 정신을 집중해야 하는지 미리 대비시켜주었다. 대부분의 사람들이 쉽게 무릎을 꿇고 마는 혹독한 상황에서도 그는 살아남는 과정에 정신을 집중할 수 있었다.

사람들은 보통 내용이 흥미진진해서 이런 책을 읽는다. 나 역시 그랬다. 한편으로 나는 내 개인의 발전을 위한 강력한 의문도 생겨났다. '마커스와 같은 네이비실 대원과 우리처럼 평범한 사람의 차이점은 무엇일까? 네이비실이 되기 위한 훈련에 응했다가 그만둔 최정에 군인들과 마커스처럼 훈련을 완수한 사람들의 차이점은 도대체 무엇이었을까?'

귀결점은 '상황을 고민하는가, 과정에 집중하는가'의 차이였다. 네이비실 대원은 지옥 같은 상황에서도 과정을 제대로 밟는 데 집중해야 하기 때문에 정신력이 굉장히 뛰어나야 한다. 지옥주간 동안 그만둔 다섯 남자는 아마도 마커스의 짐작처럼 '한계점'에 이르기도 전에 미리 걱정했을 공산이 크다.

어떤 상황을 고민하는 사람이 '피곤해'라고 생각하는 순간, 그는 쳇바퀴 돌 듯 같은 생각을 반복하고 그 피곤함과 지긋지긋함에만 생각을 집중한다. 행동을 더 할지 말지도 상황에 의해 결정되며, 행동을 하더라도 적극적으로 먼저 하는 행동이 아니라 어쩔 수 없이 하게 된다. 그러나 과정을 중시하는 사람은 해야 할 일을 하는 도중에 '피곤해'라는 생각이 들어도 재빨리 과정을 중시하는 태도로 돌아간다.

위의 설명을 다른 식으로 표현하면 상황 중시자는 해결책보다는 문제에 더 이끌린다. 그들은 능동적인 목표 추구가 아니라 수동적인 삶에 이끌린다. 그래도 희소식은 있다. 상황을 중시하는 사람도 얼마든지 바뀔 수 있다는 것이다.

모든 것에는 나름의 과정이 있다. 일자리를 구하건, 몸매를 가꾸건, 다른 나라로 여행을 가건, 35대 1이라는 압도적인 수적 열세의 아프가니스탄 전투에서 살아남건 다 마찬가지다(마커스를 포함한 정찰대 인원은 단 네 명이었다).

한번 상상해보자. 당신과 동료를 포함해 아군은 단 네 명이고, 100명도 넘는 적이 당신들을 잡기 위해 산꼭대기에서 내려오고 있다. 적군의 수가 압도적으로 더 많기도 하거니와, 모든 면에서 적이 훨씬 우위에 있다. 이제 그들이 당신의 정찰대를 잡으러 측면에서 공격을 가한다. 최선을 다해 싸우지만 동료들은 모두 죽는다. 당신은 거친 지형에서 여러 번 굴러떨어지고 심각한 부상도 많이 입은

데다 바로 옆으로는 로켓추진 수류탄까지 날아와 터진다. 수류탄 파편이 당신의 다리에 박히고 당신은 산 아래로 계속 내려갈 수밖에 없다.

이것이 마커스 러트렐이 처한 상황이었다. 네이비실의 훈련을 완수해낼 수 있었던 마커스의 남다른 면이 이번 상황에서도 대처할 수 있게 해주었다. 그는 살아남기 위한 과정 하나하나에 집중했으며, 한 단계를 마치면 재빨리 '다음엔 무엇을 해야 하지?'라고 생각하는 데 정신을 집중했다. 네이비실의 혹독한 훈련은 대원들에게 최악의 상황에서 앞이 막막한 순간일지라도 다음 단계를 결정하고 실행에 옮기는 것이 최선의 방법이라는 사실을 가르쳐주었다.

수많은 예비 대원들이 네이비실 훈련을 중도 포기한다. 다음에 무엇을 해야 하는지 판단을 내리지 못하고 지금 상황이 얼마나 힘들고 고된지만 계속 떠올리기 때문이다. 혹은 앞으로도 며칠 동안 끔찍한 나날이 이어질 것이라는 생각에 집중하기 때문이다. 이처럼 상황 중시자는 현재의 상황에 집중하지 않는 차원을 넘어, 미래로 정신을 가져간다. 자신을 심하게 부상당한 마커스라고 생각하고 지금 상황에서 앞으로의 며칠이 어떨 것 같은지 예상한다고 가정해보자. 차라리 죽는 게 낫다는 생각이 들 것이다.

하지만 마커스는 살아남았다. 그는 자신에게 필요한 것의 순서를 정했고 스스로에게 임무를 부여했다. 회고록에서 마커스는 자신은 심각한 부상을 입고 동료들은 다 죽었던 전투 이후 무엇을 첫 번째 임무로 정했는지 언급한다. 바로 물을 찾는 것이었다. 탈수가 심각한 수준이었기 때문에 물을 찾는 데 집중하기 위해서는 우선 지형을 생각하고 물이 있을 만한 곳을 알아봐야 했다. 여기에 집중한 덕에 그의 정신은 다른 여러 문제를 제쳐둘 수 있었다.

지금의 상황을 바꿀 수 있다

이상적이지 않은 상황일지라도 거의 대부분은 거기서 빠져나갈 수 있는 과정이 존재한다. 한 예로 알람이 울리고 오늘 아침은 헬스클럽에 가기로 정해놓은 날이지만 몸도 찌뿌둥하고 갈 의욕도 생기지 않는다고 치자. 여기서 상황 중시자와 과정 중시자의 반응이 엇갈린다.

- 상황 중시자: 왜 오늘 아침에 운동을 가기로 했을까? 피곤해. 하루쯤 더 쉬는 게 나을 것 같아. 근육도 쑤시는걸. 눈도 안 떠지는 데다 오늘은 웨이트를 들기로 한 날이지? 지금 상태로는 못할 것 같아. 몇 분만 더 침대에 누워 있을래. (그리고 몇 시간 동안 쿨쿨 잔다.)

- 과정 중시자: (투덜투덜) 침대 가장자리로 몸만 살짝 굴려야지. (털썩) 윽! 됐어. 이제 알람을 끄려면 기든가 걷든가 해야 해. 깜

빡 다시 잘까 봐 알람시계를 침대 옆에 두지 않았잖아.

과정 중시자는 아직 운동에 초점을 맞추지 않았다. 과정의 시작은 운동이 아니기 때문이다. 어려운 과정일수록 '한 번에 하나씩'이라는 생각을 가지면 한결 수월해진다. 결말부터 생각할수록 그 과정을 끝내기는 거의 불가능해진다. 그렇다고 과정 중시자가 상황이 머릿속에 하소연을 퍼붓는 것에 귀를 닫고 있다는 뜻은 아니다. 그는 단지 이렇게 말한다. "까다롭기는 하네. 그래도 일단 그 과정을 시작해보고 어떻게 되는지 봐야지." 일단 헬스클럽에 도착해 운동을 시작한 순간(아니면 다른 목표를 향해 과정을 밟기 시작한 순간) 상황이 말했던 하소연이 얼마나 부정확한 것인지 알고 놀라게 된다.

과정에 집중하라. 그것이야말로 지금의 상황을 바꿀 유일한 최선의 방법이다.

기대치를 낮출 수 있다

우리는 비현실적인 기대를 두 가지 영역에서 다뤘다.

- 상황은 (실행하기 전에) 지금의 인생이 어떤 모습인지를 말한다.
- 결과는 (실행한 후에) 인생이 어떤 모습이 될지를 말한다.

이상적으로 말한다면 상황이건 결과건 다 무시하는 것이 낫다. 둘 중 하나에라도 집중하는 순간 효과적으로 행동할 수 있는 능력은 그만큼 떨어진다. 이유는 다음과 같다.

- 현재의 상황을 변명거리로 삼게 된다. "지금은 컨디션이 안 좋아서 2킬로미터를 달리는 것은 무리야."
- 결과가 충분히 만족스럽지 않을 것 같다고 미리 겁을 먹는다. 즉, 행동을 피하는 또 하나의 변명거리가 생겨난다. "뛰어봤자 무지 힘들기만 할 텐데. 힘들 정도로 오래 달리지는 않을 거야."

현재의 상황이나 미래의 결과를 걱정함으로써 행동하지 않는 것에 대한 정당화가 아주 쉽게 마련된다. 정신이 자유로워져야 한다. 지금의 상황과 앞으로의 결과에 대해 무관심하게 굴어야 한다. 과정에 집중하라. 과정에 초점을 맞출 때 기대치가 낮춰지고 더불어 상황과 결과를 못 본 체할 수 있게 된다.

 핵심 솔루션

완벽한 목표에 집착하다 좌절하는 사람을 위한 4가지 행동 법칙
—

1. 기대치 조정하기

1분 동안 자신의 기대치를 점검하자.

전체적인 목표는 기대치를 높게 가지고 구체적인 목표는 기대치를 낮게 가지거나 전혀 가지지 말아야 한다. 다시 말해 스스로와 스스로의 인생에 대해서는 전체적으로 낙관적으로 바라봐야 한다. 본인의 능력을 자신해야 한다. 그러나 구체적인 일에 있어서는 최대 수준과 최저 수준을 정하고 결과가 좋지 않을 수 있음을 깨달아야 한다. 한 예로 대화를 나눌 때 나중에 한두 마디 정도를 유감스러워할 수도 있고 아니면 대화 내내 잘 못했다고 후회할 수도 있다. 개별적인 실수와 실패는 아무렇지 않게 받아들이고 훌훌 털어 넘겨야 한다. 그런 실수는 훨씬 커다란 그림의 작은 일부에 불과하다는 사실을 깨닫기를 바란다.

기대를 낮춘다고 해서 좋은 결과를 즐겁게 받아들이는 마음이 줄어드는 것은 아니다. 오히려 그 즐거움을 배가해주고, 더불어 의

외로 나쁜 결과가 생겼을 때 우리를 보호해주는 역할도 한다.

2. 무엇이 '충분한지' 결정하기

이 아이디어는 구체적인 사건과 전체적인 상황 모두에 적용할 수 있다. 오늘은 어느 정도면 충분할지 결정해놓거나 지금의 인생이면 충분한 수준이라는 전체적 차원의 결정을 내리는 방법도 있다. '충분한' 수준을 결정하는 행동이 작은 습관으로 자리 잡기 위한 가장 좋은 방법은 매일 1분씩 시간을 할애해 지금 가진 것에 만족하는 연습을 하는 것이다.

'충분한' 수준을 결정하는 것은 오로지 본인의 몫이다. 오직 당사자만이 어느 정도가 자신에게 충분한지 결정할 수 있다. '절대로 충분하지 않아'라는 사회의 메시지를 우리의 모토로 삼아서는 안 된다. 완벽주의의 문제점은 탁월한 결과를 위해 노력한다는 것이 아니라, 자신이 정하지도 않았으면서 불가능한 기준을 이루기 위해 노력한다는 데 있다. 우리가 불가능을 목표로 삼는다면, 그 이유는 어깨 너머로 우리의 행동을 누군가 지켜보고 있다고 생각하기 때문이다.

3. 장벽 낮추기

자신의 결정으로 하나에서 네 가지 정도의 작은 습관을 만들어야 한다.

행동을 가로막는 장벽을 낮추는 가장 쉬운 방법은 작은 습관을 기르는 것이다. 작은 습관은 아무리 작거나 완벽하지 않은 행동일지라도 중요하지 않은 행동은 없다는 사실을 우리에게 가르쳐준다. 작은 습관은 작게 조각으로 나눈 전진과 성공을 인정하도록 우리의 잠재의식을 재배치해준다는 점에서 기대치 설정에도 굉장히 깊숙이 작용한다. 너무 높은 기대치를 가지는 순간 우리는 꽁꽁 얼어붙는다. 첫 시도에 창대한 성공을 거둘 수 있다고 확신하지 않는 이상 아예 시작할 엄두조차 내지 않는다.

작은 습관을 기르고 있다면, 중요하다고 생각하지만 상황에 좌우되는 행동을 떠올려보고 장벽을 낮추는 아이디어를 생각해보자(예: 휴대전화로 블로그 포스트 써서 올리기, 밤에 운동하기, 빗속에서 조깅하기, 피곤할 때 운동하기 등). 물론 이런 아이디어들이 매일의 습관으로 자리 잡기는 힘들다. 장벽을 낮추는 아이디어도 상황에 좌우되기 때문이다. 그러므로 그런 상황이 닥쳤을 때 바로 실천할 수 있도록 여러 가지 아이디어를 미리 생각해두는 것이 좋다.

4. 과정에 초점 맞추기

하루를 시작하기 전에 어떤 일이 가장 만만치 않을지 떠올린 다음 그 일을 어떤 과정에 따라 처리해야 할지 생각해두어라. 그 어려운 일을 해야 할 시간이 되었을 때 미리 생각해둔 과정을 떠올리면 스트레스가 크게 줄어들고 훨씬 수월하게 처리할 수 있을 것이다.

과정에 초점을 맞추고 결과에는 신경 쓰지 마라. 작은 습관이 몸에 배면 과정에 초점을 맞추는 것이 가능해진다. 기대치가 너무 높은 사람은 뛰어난 결과를 원하지만, 그런 결과는 전혀 불가능하거나 혹여 가능하더라도 어지간한 승부욕과 연습이 없이는 굉장히 힘들다. 놀랍게도, 과정에 초점을 맞추면 더 좋은 결과가 보장되는 반면에, 결과에 집중하는 순간 결과를 얻기 위해 꼭 밟아야 하는 과정에는 소홀해진다. 결과라는 것은 언제나 과정이 끝난 다음에 나오는 결실이다. 훌륭한 결과를 얻고 싶은 분야가 있다면 그 분야에 맞는 작은 습관을 길러라. 그러면 작은 습관이 우리로 하여금 과정에 집중하도록 이끌어줄 것이다.

Chapter

5

과거의 실패를
곱씹지 않는다

> "생각을 많이 하면 도움이 될 거라고 여기기 쉽지만,
> 실제 행동으로는 이어지지 않고
> 해결책 마련을 위해 전진도 하지 않게 된다."
> ─ 칼라 그레이슨

과거의 문제 또는 그 문제의 원인이 된 사건에 매여 있는 사람도 또 하나의 완벽주의자다. 과거 곱씹기는 대개 자신의 과거 행동과 성과에 대한 자아 비판 사고를 동반한다. 학계의 연구결과에 따르면, 과거를 지나치게 곱씹는 사람들은 사회가 부과한 완벽주의와 관련이 있고 그렇기에 타인의 눈에 자신이 완벽하게 비춰지기를 바란다. 심리학에서는 이런 완벽주의를 문제가 생겼을 때 득이 되지 않는 방향으로 생각한다는 뜻에서 부적응 인격maladaptive personality이라고도 한다.[30]

　과거를 지나치게 곱씹는 사람들은 다음과 같이 믿으며, 이런 생각은 행동에서도 뚜렷이 나타난다.

- 문제를 해결하려면 문제 자체에 초점을 맞춰야 한다고 믿는다.
- 남들이 자신에게 거는 기대가 아주 크다고 믿는다.
- (본인의 행동이나 사람 그 자체가 아니라) 자신이 얼마나 '잘' 하는지가 정체성을 좌우한다고 믿는다.
- 우연일지라도 부정적 결과는 개인의 실패라고 믿는다.
- 시간 여행이 존재한다고 믿는다(반쯤 농담이다. 이렇게 말한 이유는 지나간 일에 대한 과도한 분석은 그 과거를 바꾸고 싶은 욕구를 암시하기 때문이다).

과거를 생각하고 또 생각하는 버릇을 없애려면 그런 버릇을 만들어낸 믿음을 부숴야 한다. 지금부터 과거 곱씹기에서 벗어나는 방법을 살펴보자.

과거의 잘못을 두고두고 생각하는 사람들

1985년 닌텐도 사는 '슈퍼마리오 브라더스'라는 비디오 게임을 출시했다. 게임의 성공으로 여러 편의 시리즈와 스핀오프가 제작되었고 아이콘이 된 이 캐릭터 게임은 수억 달러를 쓸어 담았다. 마리오는 명실상부하게 몸값이 가장 비싼 배관공으로 등극했다. '슈퍼마리오 브라더스'의 첫 버전이 어땠는지 혹시 기억하는가? 이것은 전형적인 플랫폼 형태의 게임으로, 플레이어는 한 레벨을 통과해 다음 레벨로 올라가려면 좌우로 움직이고 장애물을 점프하고 적의 머리를 타고 뛰어넘어야 한다.

'슈퍼마리오 브라더스'의 레벨 대부분에서 플레이어는 자신에게 맞게 페이스를 조절할 수 있고 원하면 되돌아가기도 가능하다. 하지만 몇몇 레벨은 무조건 전진만 가능하기 때문에 플레이어가 게임 콘트롤러를 가지고 적극적으로 움직이지 않으면 마리오는 길 아래로 밀쳐 떨어지거나 파이프에 몸이 으스러진다. 우리의 인생도 이런 자동 전진 기능과 비슷하다. 어쨌거나 계속 전진하지 않으면 (다시 말해 지나간 일을 곱씹고만 있으면) 큰 곤란에 빠질 수 있기 때문이다.

우리가 두고두고 과거를 곱씹게 되는 문제에는 두 종류가 있는데, 하나는 고칠 수 있는 문제이고 또 하나는 고칠 수 없는 문제다.

후회해도 소용없다면 받아들여라

매몰비용은 되돌리는 것이 불가능한 피해, 비용, 불운을 말한다. 매몰비용을 대하는 유일하게 건강한 반응은 그 피해가 얼마나 크든지 인정할 건 인정하는 태도다. 이미 벌어진 일이 일어나지 않았기를 바라며 아쉬워하는 태도를 버리는 순간 우리는 매몰비용을 인정하게 된다.

예전에 나는 한 블로그에 도서 광고를 실은 적이 있었다. 투자한 돈은 250달러였지만 내가 그 광고로 얻은 판매 수익은 50달러에 불과했다. 이것이 바로 매몰비용이다(그래도 다행히 세액공제를 받기는 했다).

손해가 난 광고비를 두고두고 곱씹지 않는 행동은 비교적 쉬운 일이다. 그러나 곱씹게 만드는 사건이 일어났다는 자체가 비극일 수 있고, 심지어는 그 비극의 원인을 본인의 결함 때문이라고 생각할 수도 있다.

아무리 죄의식을 느끼고, 후회하고, 생각하고 또 생각해도, 이미 일어난 일은 바꿀 수 없다. 우리는 이 사실을 너무 늦지 않게 깨달아야 한다. 시간은 멈추지 않고 후진하지도 않으며 그러려고 시도해서도 안 된다. 그러지 않으면 가시투성이 과거가 우리를 고통스럽게 휘감으면서 사건이 벌어졌을 때보다도 더 큰 피해를 입힐 것이기 때문이다.

자신의 삶을 인정하고 앞으로 나아가는 것은 (자신이 상처를 입힌 사람들에게) 결코 결례가 아니다. 곱씹기만 거듭한들 문제가 해결되거나 실수가 없어지지는 않는다. 자기 처벌self-punishment로는 잘못에 대한 속죄가 되지 못하고 엎질러진 상황을 주워 담지도 못한다. 과거 곱씹기는 과거의 잘못이나 실패를 두고두고 생각함으로써 사태를 변화시키려는 절망적이고 헛된 시도다. 과거 곱씹기는 일종의 부인하는 행위이고, 이것의 해독제는 인정하는 것이다.

인정한다는 것은 전속력으로 다가오는 고통에 온몸을 부딪친다는 뜻이다. 심하게 부딪치면 크게 다치지만, 일단 충돌한 후에는 고통을 넘어설 최상의 기회가 마련된다. 자신이 인간임을 인정하는 것도 마찬가지로 중요하다. 실수를 해도 괜찮다. 대단히 큰 실수일지라도 말이다. 우리는 모두 인간이기 때문이다.

우리 모두는 용납할 수 있는 실수가 무엇인지 나름의 선을 정해둔다. 어쩌다 한 번 유리를 깨뜨리는 것은 괜찮지만, 차를 몰고 가다 보행자를 치는 것도 괜찮은가? 이것은 웬만한 사람은 겪기 힘든 극단적 사건이지만, 운전을 하는 사람 누구나 저지를 수 있는 실수이기도 하다. 아마도 보행자를 친다는 것은 대부분의 사람들에게 '용납할 수 있는 실수'의 선을 넘어서는 사건일 것이다. 이 경우 선택은 둘 중 하나다. 용서 받기 힘든 실수를 저지른 채 살기 위해 노력하거나, 스스로를 용서하거나다. 용서가 더 나은 선택이지만 그러려면 어떻게 해야 할까?

자신이 저지른 실수가 용납할 수 있는 선을 넘어선 것이라면 그 선을 이동시켜야 한다. 이미 저지른 최악의 실수 '앞'에 선을 그어놔 봤자 아무 도움도 되지 않는다. 다시 말해 어떤 실수나 잘못을 저

질렀건 스스로에게 도움의 손길을 내밀어야 한다. 그렇지 않으면 실수와 그것을 용납할 수 없는 마음을 화해시키려다 가슴이 찢어진다(이것은 0으로 숫자를 나누려는 것과 비슷하다. 아무리 노력해도 문제 해결책은 마련되지 않는다).

사태를 인정하고 나면 자유로운 마음으로 해결책을 찾아나서게 된다. 물론 "어차피 일어난 일, 받아들여"라는 건 말이 쉽지 실행하기는 어렵다. 알아채지 못한 채 평생을 짊어지고 갈 수도 있다. 어떤 잘못은 다른 잘못보다 극복하는 데 시간이 더 오래 걸리기도 한다. 그러나 과거지사는 바꿀 수 없다는 사실을 의도적으로 매일 떠올린다면 이미 일어난 일을 인정하는 속도에도 그만큼 가속이 붙을 수 있다. 나는 그렇게 믿는다.

개선할 수 있다면 앞으로 계속 나아가라

오토바이를 타고 달리다 사고가 났다. 하지만 오토바이를(더불어 부러진 팔도) 고칠 수 있다면 결국 시간과 돈만 있으면 예전의 전속력을 내던 시절로 돌아갈 수 있다. 마찬가지로 상사에게 기획안을 제출했는데 "이렇게 형편없는 기획안은 처음 보네"라는 소리를 들었다면 상사의 충고를 받아들이고 다시 작성해 제출하면 된다. 사람들이 쉽게 벗어나지 못하는 과거의 문제들 거의 대부분은 고칠 수 있는 것들이다.

예를 하나 들어보자. 나는 지금 이 문장을 더 멋지게 썼어야 한다는 생각이 굴뚝같다. 그렇기는 해도 더 멋진 문장을 만드는 대신 나는 다음 문장으로 옮겨갈 수 있다. 그것이 나를 조잡한 첫 문장에서 벗어나 마찬가지로 조잡한 두 번째 문장을 쓰는 작업에 집중하게 해준다. 이렇게 나아가고 또 나아가다 보면 어쩌다가 내가 인정할 수 있는 문장이 나온다. 결과적으로 나는 앞서 적은 어설픈 문장에 빠져 허우적대지 않고 현재의 순간을 생산적으로 사용하게 된다.

우리에게는 선택이라는 놀라운 힘이 있고, 과거 곱씹기는 그 힘을 포기하는 것이다. 과거 곱씹기는 파괴적인 습관이지만, 생기기가 아주 쉬운 습관이기도 하다. 이 습관을 고치려면 계속 노력하고 연습하고 개선해야 한다. 그러면 언젠가는, 고치거나 다시 노력하면 되는 문제를 곱씹기만 하는 태도가 얼마나 바보 같은 짓인지 알게 될 것이다.

과거 곱씹기 해결책의 핵심은 마음 상태가 한결 나아질 수 있도록 행동을 실천하는 것이다. 고칠 수 없는 실수나 잘못이 계속 떠오르면 관심사를 찾아내 행동하라. 계속 머릿속에 떠오르는 문제가 고칠 수 있는 실수라면 바로 그 일에 대해 행동을 실천하라.

실수하고 실패할지라도 계속 노력하는 데 필요한 끈기를 기르려면 어떻게 해야 할까? 이제 그 답을 말하려 한다. 실패에 쉽게 의욕을 잃는 사람에게도 아주 흥미롭고 신나는 방법일 것이다.

우연과 실패의 대응법

실패에 대한 마인드를 조금만 바꾸면 인생이 바뀔 수 있다. 내 인생도 그렇게 바뀌었다. 과거를 곱씹는 사람들뿐만 아니라 대부분의 사람들이 우연히 벌어진 일에도 실패라는 낙인을 잘못 찍는다. 그러나 우연과 실패 사이에 선을 긋는 순간 쓸데없이 과거를 곱씹는 행위도 훨씬 줄어든다.

간단히 말해, 우연히 벌어진 결과를 실패라고 생각해서는 안 된다. 우연한 결과일지라도 엄격히 따졌을 때 성공한 결과가 아니면 실패가 아닌가 생각할지도 모른다. 일리는 있다. 하지만 우리 대다수는 자신이 뭔가 실력에 문제가 있거나 부족하기 때문에 실패했다고 생각한다. 실패에 대한 이런 정의는 단순히 '성과가 없다'라는 정의보다 훨씬 강력한 함의를 지닌다. 우연히 생겨난 결과는 내 탓이 아니므로 내 실력에 문제가 있다는 식으로 생각해서는 안 된다.

노벨상 수상자이자 심리학자인 대니얼 카너먼Daniel Kahneman은 연구를 진행하다 혼란에 빠졌다. 서로 밀접한 관련이 있는 연구를 여러 건 수행했는데 모순되는 결과가 나왔던 것이다. 그는 모든 각도에서 자료를 분석했지만 데이터가 말하는 정보를 이해할 수가 없었다.

마침내 카너먼은 자신의 실수를 깨달았다. 그가 선택한 표집 크기가 너무 작은 탓에 신뢰성이 떨어지는 연구결과가 나온 것이다.[31] 통계학을 잘 알면서도 그는 통계 원칙이 아니라 전통과 직관에 의존해 표집 크기를 선택했다. 그는 이런 실수가 연구 전체에 퍼졌을지도 모른다는 생각에 통계학 교과서를 공동 집필한 경력이 있는 저명한 통계학자 두 명을 연구에 투입했다. 그리고 그들도 똑같은 실수를 했다.

우리도 이런 실수를 저지른다. 우리는 실패 사례를 통계학적 맥락에서 따지지 못하는 실수를 저지른다.

이렇게 상상하자. 한 남자가 모르는 사람에게 다가가 길을 물어본다. 그 낯선 사람은 옆으로 비켜서며 묻는 말을 못 들은 척하고 가버린다. 윽! 그다음 주에도 남자는 두 명의 사람에게서 똑같은 일을 경험한다. 그 남자는 이제 세 번이나 거절당하는 경험을 했다. 남자는 이 일을 어떻게 해석할까?

'낯선 사람들은 모두 불친절해. 그게 아니면 사람들이 나를 싫어하는 건 아닐까?' 그는 아마도 이렇게 생각하지 않았을까?

그런데 여기서 통계학 카드 하나를 꺼낼 필요가 있다. 그는 단

세 사람에게만 길을 물었다. 지구상에는 70억 명의 사람들이 존재하는데 말이다. 통계학적으로 말하면 가장 친절한 도시에 사는 가장 친절한 사람일지라도 세 번 정도는 안면몰수하고 그냥 지나쳐버릴 수 있다. 이 남자가 자신의 결론을 통계학자에게 말한다면 그 학자는 유머감각을 발휘해 통계학적으로 이렇게 비웃을지도 모른다.

"잠깐, 잠깐. 그게 뭐라고. 그러니까 70억 명의 인구 중에서 단 세 명의 표집을 가지고 그런 확고한 결론을 내렸다는 겁니까? 하하하. 그 결론의 표준편차는 무엇이죠? 푸하하. 다른 결론을 가져오세요!"

우연이라면 계속해서 시도하라

낯선 사람에게 말을 걸었을 때의 결과는 우연이다. 그 낯선 사람은 어딘가로 바삐 가는 중일 수도 있고, 냉담할 수도 있고, 친절할 수도 있다. 결과는 복불복이다. 일자리에 지원하는 것은? 이것도 우연이다. 누군가에게 무언가를 질문하는 것은? 그 결과 역시 우연이다. 우리의 행동과 선택이 결과에 영향을 미칠 수는 있겠지만 그럴지라도 우리의 능력 밖인 것도 사실이다.

끈기가 우연의 가장 좋은 친구인 것도 바로 이런 이유에서다. 우연으로 점철된 모험을 까짓것 하고 계속 노력하다 보면 언젠가는 성공할 수 있기 때문이다.

책을 출간하고 싶은 작가에게 통계학자는 어떤 충고를 할까?

아무 출판사에나 원고를 보내는 등 적극적으로 행동하라고 충고한다. 물론 원고가 형편없다면 답을 해주는 출판사는 한 군데도 없을 것이다. 반대로 원고가 꽤 좋거나 심지어 걸작에 가깝다면, 원고를 여러 출판사에 보낼수록 출간 제안을 받을 가능성도 높아진다. 역사상 가장 빠르게 베스트셀러에 등극한 책은 『해리포터』 시리즈의 마지막 네 시리즈였다. 하지만 이 책의 1부는 출간되기 전에 열두 번이나 거절을 당했다. 『해리포터』의 대대적인 성공이 입증하듯이 저자인 J. K. 롤링은 열두 번 실패한 사람이 결코 아니다.

같은 원칙은 우연이 많이 작용하는 목표를 추구할 때도 적용된다. 불행한 일이 일어났는데 그것이 우연과 관련이 많으면 그것을 개인적 실패로 간주할 '권리'가(물론 이유도) 우리에게는 없다. 이런 관점은 일자리에 지원했다가 불합격하고, 데이트를 거절당하고, 기회가 무산되고, 수상을 못한 경험이 있는 사람들 모두에게 즉시 마음의 안심을 준다. 우리의 승리, 연봉 인상, 책 출간 등의 결정이 다른 사람에 의해 좌우된다면 그것은 우연이다. 이렇게 생각하면 우연의 작용으로 실망스러운 결과가 발생해도 즉시 그것을 과거지사로 털어 넘길 수 있게 된다. 그리고 우리는 아예 처음부터 그런 관점을 수시로 되살려내야 한다.

실패를 좋은 피드백으로 여겨라

실패는 우연과 다르다. 우리는 실패를 반면교사로 삼을 수 있다.

- 토머스 에디슨이 전구를 만드는 성공적인 공식을 발견하기 전까지 수도 없이 겪었던 것이 바로 실패다.
- 실패는 우리가 현재 감당할 수 있는 수준보다 훨씬 큰 목표를 추구하려고 노력한다.
- 실패는 달궈진 오븐을 맨손으로 만져서 화상을 입는 것이다.

우연과 달리 실패는 전적으로 예측 가능한 결과다. 실패는 아주 좋은 것이다. 진담이다. 원인과 결과를 풀이하기가 쉽다는 점에서 실패는 우연보다 훨씬 편하게 대할 수 있다. 열 개의 물건 표면에 손을 댔는데 어떤 물건 때문에 화상을 입었는지 잘 모르겠다면 어떻게 되겠는가? 그다음부터는 어떤 것에도 손을 대기가 꺼려질 것이다. 특정한 환경에서 효과가 없었다면 그것이 실패라는 사실을 우리는 잘 안다.

우연과 실패에는 몇 가지 겹치는 부분이 있을 수 있다. 잘못된 전략을 가지고 행운에 기댄다면 아마도 번번이 실패할 공산이 크다. 대부분은 왜 실패했는지도 알기 힘들 것이다. 따라서 누군가가 당신의 부탁이나 요청을 거절한다면 그 이유를 질문하라. 거절당한 순간에 피드백을 구하려면 용기가 필요하지만, 다음번에는 어떻게 다르게 행동해야 하는지 아는 데 있어서 피드백은 아주 귀중한 도움이 될 수 있다.

가끔은 얼굴도 이름도 알지 못하는 사람들이 내게 이메일을 보내 무언가 부탁을 하곤 한다. 이메일을 무수히 받는 사람들이 흔히 그러듯 아무 반응도 보이지 않는다면 그것은 곧 '안 됩니다'를 뜻한다. 하지만 그들이 내게 왜 아무 답변도 없는지 묻거나 혹시 자신들의 접근법에서 고칠 부분은 없는지 묻는 이메일을 보내면 나는 그들에게 답을 해준다. 피드백을 부탁하면 사람들은 대부분 기꺼이 정직한 피드백을 보내주는 편이다.

더 나은 인생을 위해서라도 아래의 내용을 절대 잊지 말자.

- 무언가가 우연에 많이 좌우된다면 고집스러울 정도로 끈기 있게 밀어붙여라. 우연에 좌우되는 모험을 그만둘 이유는 절대 없다. 무언가 희생이나 대가가 따른다면 모를까, 잘 안 된다고 그만두는 것은 비이성적인 짓이다. 게스트 포스트에 글을 올리는 것도, 마음에 드는 여인에게 다가가 저녁 데이트를 신청하는 것도, 꿈의 직장에 응시하는 것도, 상사에게 연봉 인상을 요청하는 것도 다 본인의 자유다. 긍정적인 결과를 얻는다면 좋은 점이 한두 가지가 아니다. 그러니 괜히 미안해하지 말고 행동에 옮겨라. 할 수

있는 한 최대한 적극적인 사람이 되어라!
- 무언가에 실패한다면 다른 접근법을 시도하라. 우연한 실패와 달리 원인이 확실한 실패는 그간의 잘못된 행동방식을 고칠 기회를 제공해준다(에디슨의 실패한 전구의 원형들이 여기에 딱 맞는 예다).
- 부정적인 결과가 우연과 실패의 조합에서 비롯된 것이라는 의심이 들 때에는 끈기를 잃지 마라. 단, 실패라고 생각되는 부분에 대해서는 다양한 전략을 시도해보라.

예전에 나는 유명 건강 전문 웹진인 마인드바디그린MindBodyGreen의 게스트 포스트에 글을 올린 적이 있었다. 아주 정성껏 글을 썼고 내 딴에는 꽤 훌륭한 포스트라고 생각했지만 나는 '채택할 수 없습니다'라는 말조차 듣지 못했다. 아예 감감무소식이었다. 나는 글을 하나 더 올렸다. 이번에도 무반응이었다. 세 번째 글을 올렸다. 앞서 두 개보다 훨씬 좋다고 자신했지만 웹진 운영자들은 이번에도 내가 올린 글을 무시했다.

그 사이트에는 다른 사람들도 게스트 포스트를 계속 올리고 있었는데, 나는 그것이 실패의 원인일 가능성이 높다고 판단하고 있었다. 피드백 자체가 없었기 때문에 예전에 그 사이트에 글을 올렸던 친구에게 조언을 구했고, 그 친구의 조언을 받아들였다. 나는 내가 중요하다고 생각하는 주제에 대해 글을 쓰지 않고, 대신에 웹진에서 인기가 많은 글들을 분석했다. 그런 다음 관련은 있지만 지금껏 다뤄지지 않았던 주제를 골라 포스트에 올릴 글을 썼다. 빙고! 내 네 번째 게스트 포스트가 수락되었다. 그 이후로 나는 거기에 여러 번 글을 올렸다.

우연과 실패의 차이를 이해하는 것이 인생에서 원하는 결과를 얻기 위한 열쇠다. 차이를 이해한 순간 우리는 거부의 쓰라림에서 보호 받게 되고, 끈기를 발휘하게 되며, 능숙하게 인생에 적응할 수 있게 된다.

이 새로운 관점을 받아들이는 순간, 지난날의 실패를 곱씹는 행위가 더는 발생하지 않는다. 성에 차지 않는 결과에 기분이 나빠지겠지만 과거를 곱씹는 행동이 계속되는 것은 더 큰 문제다. 그러나 새로운 전략을 마련하건 마련하지 못하건 다음번에는 어떤 방법으로 재시도해야 하는지 명확하게 이해한 순간, 과거를 두고두고 곱씹는 행동은 일어나지 않을 것이다.

'했어야 했는데'가 아니라 '할 수 있었는데'
—

우리가 사용하는 언어는 얼마나 자주, 그리고 어느 정도까지 과거를 곱씹어야 하는지와 관련이 많다. 그리고 언어야말로 우리가 과거 곱씹기를 내던지기 위해 사용할 수 있는 가장 쉬운 해결책 중 하나다.

'했어야 했는데'는 위험한 말이다. 특히 과거의 행동에 대해 '했어야 했는데'가 붙는다면 여기에는 무언가를 잘못했고 다르게 행동했어야 한다는 의미가 담겨 있다. 즉, 아쉬워하는 마음이 담겨 있다.

'했어야 했는데'는 제안의 의미와 함께 죄책감과 수치심도 담고 있다. 과거를 지나치게 곱씹는 사람들은 어떤 사건 내지 연속적으로 발생한 사건을 되돌아볼 때 어떻게 다르게 '행동했어야 했는지'를 고민하면서 자신들이 한 긍정적 행동은 곧잘 무시한다.

그렇기는 해도 "이 베이글에는 크림치즈를 같이 주문했어야 했는데"라는 말을 했다고 자책할 필요는 없다. 이 말은 순수한 버전의 '했어야 했는데'다. 게다가 베이글에 크림치즈를 곁들이는 게 환상의 궁합인 것도 사실이다.

자기 독백의 상황과 어조는 자신과 자아와의 관계에 대해 많은 것을 드러낸다. 나는 하와이를 여행하던 중에 한 노숙자를 지나치게 되었다. 그는 무언가를 절실히 원하는 표정으로 돌담에 기대 앉아 있었다. 나는 그에게 근처 마트에서 음식을 좀 사다주기를 원하는지 물어보았다. 그는 내게 담배를 부탁했다. 나는 담배를 사다줄까 하는 마음도 들었지만 그러지 않았다. 그가 밤을 견디도록 만들어주고 싶은 마음은 있었지만 그런 방식으로는 아니었다. 그래서 나는 그에게 마트에서 살 수 있을 만한 다른 것을 부탁하라고 말했다. 담배가 아닌 다른 것을 고르라는 무언의 압력이 가해지자, 그 노숙자는 탄산음료를 마시고 싶다고 했다(그나마 담배보다는 나았다).

나는 그에게 음료수와 초콜릿을 사다주었다. 내가 담배를 사오지 않았다는 것을 알았을 때 그는 이맛살을 찌푸리며 다 들리라는 듯 크게 말했다. "난 진짜 바보야! 난 정말로 멍청이야!" 아마도 그는 담배를 사오도록 나를 설득하지 못한 자기 자신에게 화가 난 듯싶었다. 그는 자기 자신을 경멸했다.

자기 자신과의 사이에도 관계가 있다는 것은 이상한 생각처럼 보일 수 있다. 그러나 그것이 사실이다. 특히 그 노숙자와 그의 자아와의 관계가 누구나 알 정도로 모욕적인 관계라는 것이 빤히 드러날 때는 더더욱 그러하다. 과거의 일을 곱씹을 때 우리는 마치 자신이 아닌 다른 사람처럼 굴면서 자신의 잘잘못을 판단한다. 과거의 행동을 한 것은 다른 누구도 아닌 본인인데, 우리의 분석적 자아는 생판 남이 되어 (아주 비판적으로) 과거의 잘못을 곱씹는다. 과거를 지나치게 곱씹는 사람은 자신과의 관계를 더 친근하게 만드는 방법을 익혀야 하고, 그 출발점은 자기와의 대화를 개선하는 것이다.

그렇다면 잘못된 자기 대화를 고치려면 어떻게 해야 할까?

잘못된 자기 대화는 건강하지 못한 인간관계를 개선하려 할 때 사용하는 것과 똑같은 소통방법을 이용해 고칠 수 있다. 어차피 이 것도 자아와의 '관계'이기 때문이다. 『성공하는 사람들의 7가지 습관』에서 스티븐 코비 Steven Covey는 "먼저 이해하려고 노력하고 그런 다음에 이해를 받으려 노력하라"고 말한다. 이것은 인간관계에도 그리고 우리 내부의 과거를 곱씹는 행위자에게도 아주 훌륭한 조언이다.

과거의 어떤 행동이 두고두고 생각난다면 왜 그런 행동을 했는지 이해할 수 있도록 자신에게 30초의 시간을 주어라. 우리는 언제나 본인에게 가장 이익이라고 생각되는 행동을 하기 마련이다. 과거에 그런 행동을 했던 그 순간 자신의 동기가 무엇이었는지 생각해 보라. 그리고 본인이 결함이 있는 존재인 인간임을 인정하라. 내부의 '우선 자아'가 무엇이었는지 온전히 이해하면 그 순간 자신이 저지른 행동을 가혹하게 판단하지 않게 된다(타인의 잘잘못을 함부로 판단하는 행위를 줄이기 위해서는 그들을 더 많이 이해하려는 노력이 그 비결인 것과 비슷하다). 우리는 자신을 이해하려 노력하지 않을 때 자신에게 가장 가혹하게 군다.

약물이나 도박에 중독된 사람들은 굴복하려는 자기 자신을 굉장히 가혹하게 다루기도 한다. 하지만 중독의 본성과 인간으로서 중독에서 벗어나는 것의 어려움을 이해하려 노력할 때 그들은 더

동정 어린 눈길로 자신을 바라보고 죄책감에도 덜 빠져든다. 그럼으로써 일반적인 죄책감과 중독의 악순환에서 빠져나오는 데에도 도움이 된다.

톱질을 하다 손가락을 베이면 우리는 '조심했어야 했는데'나 '적절한 안전 장비를 사용했어야 했는데'라고 생각하기 마련이다. 이 부분에서 우리는 교훈을 얻을 수 있다. 어쨌거나 과거 곱씹기에서 진짜 문제가 되는 부분은 거기에 쏟는 시간이다. 다른 결정을 내렸을 때 결과가 얼마나 달라졌을지 고민하는 것은 건강한 고민이다. 하지만 여기에 과도하게 빠져 필요한 수준 이상으로 집착하면, 시간 낭비와 꼬리를 무는 부정적 사고의 폐해가 그 유익함을 금세 가려버린다.

우리가 사용하는 언어는 우리가 과거를 생각하는 데 얼마나 많은 시간을 쏟는지와 관련이 많다.

'했어야 했는데'를 대체할 좋은 표현은 '할 수 있었는데'다. 여기에는 가능성의 의미가 담겨 있다. '했어야 했는데'가 확실성과 의무감을 불러일으킨다면, '할 수 있었는데'는 제약을 두지 않는 자유로운 감정을 불러일으킨다. 제약을 두지 않는 관점이 우리 인생에는 더 이치에 맞는다. 인생의 길이 언제나 처음 생각했던 것과 똑같지는 않기 때문이다.

- "춤을 더 잘 췄어야 했는데." = "춤을 더 잘 추지 못한 것이 창피해."
- "춤을 더 잘 출 수 있었는데." = "알고 보니 춤을 더 잘 출 수 있었는데 그러지 못했어."

내 인생에서 가장 후회되는 일을 굳이 꼽아야 한다면 대학을 다닌 것이다. 대학생활은 개인적으로 내게 큰 도움이 되지 못했다. 하지만 대학에 다닌 것은 지금의 행복한 나에게로 이끌어준 길이었다. 그래서 지금은 대학을 나온 것을 후회하지 않는다. 그렇기에 나는 "대학에 다니지 말았어야 했는데"라는 식으로 장담하며 말할 수는 없다.

제약을 두지 않는 '할 수 있었는데'라는 표현을 사용하는 편이 우리에게 더 도움이 된다. 어차피 우리가 내리는 결정과 우리에게 벌어지는 사건들이 현재와 미래에 어떤 영향을 미칠지 총체적으로 계산한다는 자체가 불가능하기 때문이다. 아주 확실한 어조로 무언가를 했어야 했거나 하지 말았어야 했다고 말하는 것은 서글플 정도로 근시안적인 사고다.

나는 대학 졸업 후 면접 자리에서 몇 가지 실수를 했다. 아마도 그게 내가 일자리를 얻지 못한 결정적인 원인일지도 모른다. 하지만 취업 기회를 놓친 것이 내가 나만의 커리어를 쌓기 위해 열심히 노력하는 계기가 되었다. 그 당시에 나는 자신에게 "그런 말은 하지 말았어야 했는데"라고 말했을지도 모른다. 그러나 대학을 졸업하고 계획대로 곧바로 취업을 했다면 지금의 내가 과연 12개 이상의 언어로 출간된 책을 쓸 수 있었을지 의문이다.

어떤 것을 '했어야 했는데'라는 생각이 떠오를 때마다 스스로의 마음을 다잡아라. 그런 행동을 하는 자신을 발견하면 상황을 재평가하고 '했어야 했는데'가 아니라 '할 수 있었는데'라고 바꿔 말하라.

과거에서 벗어나 지금 바로 행동하라

인정에 대한 설명을 하면서 실천하는 것이 왜 중요한 단계인지 설명했다. 이제는 실천을 위한 구체적인 전략을 알아야 할 차례다.

지나치게 과거를 곱씹는 사람의 큰 문제점은 회복을 위한 노력을 하지 않는다는 것이다.

- 취업 면접을 엉망으로 치른 남자가 있다. 그는 털고 일어나 다른 자리에 지원을 하는 대신에(혹은 그 회사에 다시 연락해보는 대신에) 자신이 어떤 말을 했어야 했는지에만 몰두한다.
- 저녁 모임 자리에서 말실수를 한 여자가 있다. 그녀는 다시 대화

를 나누기를 거부하며 자신의 껍질 안으로 숨어든다. 말실수를 만회하기 위해 노력하는 것이 아니라 자신이 그런 말을 하지 말았어야 한다는 사실만 계속 생각한다.

- 예쁜 여자에게 저녁 데이트를 신청하고 싶은데도 말을 꺼내지 못한 남자가 있다. 그는 자신의 실패만을 두고두고 생각하면서 또다시 다가온 데이트 신청 기회를 놓친다. 그러고는 또 한 번의 실패를 계속 떠올린다.
- 헬스클럽에서 운동을 하다 다친 여자가 있다. 그녀는 자신은 무엇을 하건 운이 나쁘다고 생각하고는, 원래 몸 상태로 되돌아가기 위해 의사와의 진료 예약을 잡지 않는다.
- 시험을 망친 소년이 있다. 그는 다음 시험을 위해 공부하는 것이 아니라 망친 시험만 계속 생각한다.

작은 잘못에도 벗어나지 못하는 사람은 큰 실수나 큰 잘못을 했을 때에도 계속 그것만 생각한다. 그런 식으로 부정적인 사건을 다루도록 스스로를 훈련해왔기 때문이다. 과거 곱씹기라는 습관적인 반응은 시간이 지날수록 더 심해질 소지가 크다. 한 가지 문제가 발생하면 과거 곱씹기 버릇에 젖은 사람은 몇 주 전, 몇 달 전, 심지어 몇 년 전의 일까지도 떠올리며 괴로워한다.

과거 곱씹기의 해결방법 몇 가지는 앞에서 이미 다뤘다. 과거는 바꿀 수 없다는 것을 인정하고, 우연과 실패의 위압적이지 않은 성격을 이해하고, 건강한 자기 대화를 만드는 것이다. 이렇게 하면 이 과정의 다음 단계를 밟을 때 더 나은 입장에 설 수 있다. 그리고 이것은 단번에 뒤집히는 것이 아니라 천천히 진행되는 과정이다.

자신이 과거의 일을 두고두고 곱씹는 것 같다면 처음으로 되돌아가 위의 과정을 다시 밟기 바란다. 하나하나 진행할수록 다음 단계가 더 쉬워진다. 한 예로 과거의 실수나 잘못이 계속 떠올라 현재에 집중하기가 정말로 힘들 수 있다. 그러나 제일 먼저 과거를 인정하고 다음으로 우연과 실패의 차이를 생각하고 자기 대화를 바꿔본다면 과거에 집착하는 자신에게서 벗어나기가 훨씬 쉬워진다.

위의 방법을 통해 머릿속에 아른거리는 과거사로부터 어느 정도 벗어났다 싶으면, 이제는 행동에 옮겨야 한다. 즉각적인 행동을 위해 내가 자주 사용하는 도구는 타이머다.

즉각적 행동을 이끄는 타이머의 마법

타이머는 행동에 들어가야 한다는 신호를 알려주고, 전진할 수 있도록 부드럽게 압박하며, 더불어 노력과 보상의 체계를 만들어줄 수 있다. 내가 사용하는 방법은 다음과 같다.

시작의 카운트다운

어떤 일을 시작해야 하는데 동기부여가 생기지 않고 계속 미적거리려 한다면, 타이머의 카운트다운을 작동시켜라. 그리고 타이머의 숫자가 0이 되는 순간 즉시 하고자 했던 일을 시작하라.

내 경우에는 이 방법이 잘 맞았다. 카운트다운을 작은 습관 전략과 결합시킨다면, 우선 몸을 움직이게 해줄 만한 아주 작은 행동부터 시작해야 한다. 가령 운동이 하기 싫어 계속 미적거리고 있다면 운동복으로 갈아입는 것이 첫 단계다. 그리고 타이머가 0을 가리키면 이 첫 단계를 실행하는 데에만 집중하는 것이다.

이 방법이 효과적인 이유는 출발선이 명확하게 정해지기 때문이다. '아무 때라도' 시작할 수 있으면 조금 뒤, 조금 뒤 하면서 미루기가 쉽다. 자신에게 카운트다운 시간을 얼마나 줄지는 상황에 따라 다른데, 나는 다른 일로 바쁘지 않을 때면 보통 60초의 카운트다운 시간을 설정한다. 60초는 마음을 가다듬고 행동할 준비를 하기에 충분한 시간이다.

결정의 카운트다운

구체적인 결정을 내리거나 아니면 흔히 말하는 "무언가를 하기는 해야 하는데 뭘 하지?" 할 때도, 결정을 내릴 수 있도록 스스로에게 부드러운 압박감을 가하기 위해 카운트다운 타이머를 이용한다. 그리고 카운트다운 타이머가 0이 되기 전에 확고히 결심을 해야 하는 것이 원칙이다.

자신에게 부드러운 압박을 가하고 이를 매일 실천에 옮기는 것은 결정의 자신감과 속도를 향상시키는 굉장히 좋은 방법이다. 압박감에 마음이 조금 불편해지기는 하지만 과도한 수준이 아닌 한 우리를 움직이게 만들어주는 굉장히 좋은 방법이다.

괜찮은 선택인지 아닌지 생각해볼 충분한 시간을 스스로에게 주어야 하지만 너무 많이 주어서는 안 된다. 정확한 시간은 얼마나 복잡한 결정인지에 따라 달라지지만 나에게 가장 효율적인 카운트다운 시간은 3~10분 정도다.

집중의 카운트다운

그 순간 하기로 한 일에 완전히 몰두하다 보면 정해둔 시간을 초과할 때가 많다. 조언을 하나 하자면, 사용하는 컴퓨터가 맥Mac이라면 프로그램 하나를 제외한 다른 프로그램을 완전히 차단해주는 풀스크린 기능을 활용하라. 정해둔 시간이 다 되기 전까지는 다른 프로그램으로 넘어가지 못하도록 규칙을 설정해두어라. "이메일을 확인해야겠어"와 같은 아주 사소한 행동도 생산성에 치명적인 영향을 미칠 수 있다. 작게 한 발씩 전진할수록 생산성이 늘 듯이, 마찬가지로 이 정도쯤이야 하는 작은 행동이 모여 일에 대한 집중력을 떨어뜨린다. 어떤 이유에서든 그 순간 집중하고 있는 일에서 다른 행위로 옮겨가지 마라.

나는 이럴 때도 타이머를 이용한다. 그리고 정해놓은 시간 동안은 선택한 그 한 가지 일에만 전적으로 전념한다(여기에 다른 데 한눈을 팔지 않기 위한 엄격한 규칙을 적용하면 더 좋다).

오랫동안 한 가지 일에 완전히 전념하기가 힘들 것 같으면 연습이 필요하다. 처음에는 집중 시간을 5분으로 정하고, 오랜 시간 집중이 가능해질 때까지 조금씩 목표 시간을 늘려보라. 집중하는 연습이건, 삼천포로 빠지는 연습이건, 매일 연습하다 보면 '능숙해지는' 때가 온다. 현대인의 상당수는 문자메시지나 페이스북 알림에 반응하는 것에는 능숙하지만 정작 중요한 일에는 능숙하게 집중하지 못한다. 연습을 하면 그런 상황을 역전시킬 수 있다!

포모도르 기법 Pomodore Technique

이것은 25분 집중과 5분 휴식을 반복하는 방법이다. 대중적으로 잘 알려진 이 방법은 효과가 뛰어나다. 한 가지 사소한 이의를 제기하자면, 어떤 일에 집중할 때 나는 25분을 넘기는 경우가 많다는 것이다. 왜 25분이 마법의 집중 시간인지, 그리고 매일 똑같은 시간 집중하는 것을 지켜야 하는지 나로서는 잘 모르겠다. 나는 기분이 내키면 더 많이 한다. 어떤 때는 1시간 이상도 거뜬히 집중하지만 어떤 때는 겨우 20분을 채울까 말까다(혹은 본격적으로 시작하기까지 걸리는 시간일 수도 있다).

그럼에도 이 원칙은 합리적이고 효과가 괜찮은데다, 아무것도 하지 않는 것보다는 훨씬 나은 방법이다. 포모도르 웹사이트는 다음의 과정을 소개하고 있다.[32]

1. 해야 할 일이 무엇인지 결정한다.
2. 타이머를 25분으로 설정한다.
3. 타이머가 울릴 때까지는 그 일만 한다.
4. 표를 만들어두고 완수했을 경우 거기에 체크 표시를 한다.
5. 짧게 휴식을 취한다(3~5분).
6. 네 번의 '포모도르'를 마칠 때마다 조금 긴 휴식을 취한다(15~30분).

일과 놀이의 회전목마

이것은 한 번 열심히 일을 하거나 움직였을 때마다 자신에게 흡족한 보상을 주는 전진/후진을 반복하는 기법이다. 1시간 일하고 1시간 쉬는 것인데, 이 과정을 반복한다.

어떤 독자는 "그런데 휴식시간이 지나치게 긴걸요"라고 말한다.

휴식시간을 길게 잡는 것이 좋은 생각이 아니라고 여겨진다면 이렇게 생각해보자. 2012년에 그리스인들은 평균 2,034시간 일했고 독일인들은 평균 1,397시간 일했다.[33] 근무시간은 그리스인들이 더 길었지만, 시간당 GDP를 따졌을 때 독일 근로자의 효율성이 70퍼센트나 더 높았다. 1인당 근무시간이 600시간이나 더 적었는데도 독일인들의 생산성이 월등하게 높았다. 두 나라의 사회경제적 요소가 다르니만큼 완벽한 비교는 되지 못하지만 요점은 분명하다. 근무시간은 생산성의 완전한 척도가 되지 못한다는 사실이다.

어떤 경우 열심히 집중한 1시간의 일은 2시간의 보상을 받을 가치가 충분할 때도 있다. 우리는 4시간 동안 열심히 '일'을 했는데도 거의 성과를 거두지 못할 때가 있는 반면에, 단 20분만 작업을 했는데도 높은 성과를 거둬 보상 받을 자격이 충분할 때도 있다.

파킨슨 법칙에 따르면 일의 양은 자신에게 주어진 시간에 따라 줄기도 하고 늘기도 한다. 스스로에게 쉬는 시간을 많이 주고 일할 시간을 적게 준다면 여기에 파킨슨 법칙이 적용돼 업무 효율성을 최대한 높이기 위해 더 열심히 일할지도 모른다. 휴식시간이 긴 것의 장점은 또 있다. 충분히 잘 쉬고 나면 에너지가 늘어나 집중력을 더 발휘해 업무 강도를 높이는 데에도 도움이 된다.

회전목마 기법을 사용해야 할까, 아니면 포모도르 기법을 사용해야 할까? 둘 다 사용하라. 포모도르 기법은 (조금 후 속개할 일을 준비할 수 있도록) 몸과 뇌를 쉬게 하고 재충전하기 위해 짧은 휴식을 취하는 것이다. 회전목마 기법은 보상을 더 크게 만드는 것을 목표로 삼는다. 이론적으로 이 방법은 일과 놀이 사이의 긍정적인 신경학적 연상을 더 높여줄 수 있다. (습관 체계에 대한 연구가 알려주듯) 뇌는 언제나 직접적인 보상이 뒤따르는 활동을 선호한다.

알맞은 타이머 고르기

위에서 권한 방법들을 다 시도해보고 자신에게 가장 알맞은 것을 고르면 된다. 방법을 알았으므로 이제는 타이머만 있으면 된다. 다음은 우리가 공짜로 사용할 수 있는 타이머의 종류다.

- 단순한 주방 타이머(아날로그식 물리적 타이머): 주방용의 물리적 타이머는 어기기가 힘들다. 어플 타이머보다 물리적 타이머를 작동시키는 것이 더 빠르기 때문이다.
- 디지털 주방 타이머(안드로이드): 타이머 어플도 있다. 이 어플은 3개의 독립적인 타이머를 작동시킬 수 있다. 3개나 필요할지는 모르겠지만 어쨌든 옵션은 그렇다.
- 알람 클록 엑스트림 프리 Alarm Clock Xtreme Free (안드로이드): 내가 쓰는 어플이다. 알람용 어플이지만 카운트다운 타이머를 설정하는 기능도 있다.

- 타이머 탭Timer Tab(http://timer-tab.com): 온라인 작업 환경일 때 사용하면 좋다. 이름에서도 알 수 있듯이 브라우저 탭에 남은 시간이 표시된다.
- 아이폰과 아이패드: 따로 어플을 받을 필요가 없다! iOS 운영시스템에는 타이머 어플이 내장되어 있다. 시계 어플을 선택하면 탭 목록에 '타이머'가 뜬다. 시간을 정한 다음 시작을 누르기만 하면 되고, 시간이 다 됐을 때의 알림음도 고를 수 있다.

과거 곱씹는 버릇 뒤집기

과거를 곱씹는 행위를 극복하려면 어떻게 해야 하는지 요약해서 다시 설명하면 다음과 같다.

과거 곱씹기는 문제에 초점을 맞춘다. 다시 말해 최고의 인생을 살기 위해 지금 무엇을 할 수 있는지 고민하는 대신에 유감스러워하며(혹은 타임머신이 있기를 바라며) 지나간 일에만 몰두한다. 자신이 과거의 실수나 잘못을 떨치지 못하고 두고두고 생각한다면 다음의 방법을 이용해 그런 버릇을 뒤집어야 한다.

1단계: 과거는 바꿀 수 없다는 것을 인정하라

일상생활에서 과거 곱씹기를 부르는 신호를 고른 다음(시간이나 장소, 혹은 이후에 오는 습관적 행동) 잠시만 그것을 생각한 후 과거는 변경이 불가능하다는 것을 인정하라. 이렇게 연습하면 '현재에 집중하는 마인드'를 기르는 데 도움이 된다.

2단계: 우연인지 실패인지 판단하라

자신의 성과와 관련해 자꾸 자책하고 곱씹는 마음이 들면 우선은 그 결과가 우연인지 실패인지부터 판단하라. 우연이라면 다시 노력하라. 실패라면 먹히지 않는 방법 한 가지를 찾아냈다는 것을 자축하고 다른 방법을 생각하라. 우연과 실패가 합쳐진 것 같다면, 이를테면 계속해서 부탁이나 요청을 거절당한다면 새로운 전략을 마련해 계속 시도해보라.

3단계: 자기 대화를 점검하라

'했어야 했는데'라는 생각이 자꾸 떠오른다면 이 표현을 '할 수 있었는데'라고 바꿔라. 그러면 잘잘못을 판단하는 것이 아니라 가능하다는 인식이 생겨난다. 또한 그 순간에 자신이 왜 그런 결정을 내렸는지 이해하려 노력하라. 우리가 하는 모든 행동에는 저마다 이유가 있다. 따라서 법정에서 자신의 자아를 보호한다는 생각으로 그 당시 자신이 어떤 생각과 논리에 따라 그렇게 움직였는지 이해하려 노력하라.

4단계: 행동하라

과거 곱씹기의 가장 큰 문제는 아예 행동을 하지 않는 것이다. 마음이 과거에 가 있는데 현재의 무언가에 집중할 수 있을 리가 없다. 움직이도록 자신을 불붙이려면 매일 실천할 수 있는 작은 습관 하나를 만들어라. 단, 이 작은 습관 전략을 '점화용' 행동으로 이용하려면 아주 작은 행동부터 시작해야 하고 타이머를 활용하는 게 도움이 된다. 예컨대 친구와의 말다툼이 머리에서 떠나지 않는다면 친구의 번호를 누르고 '전화걸기' 버튼을 누르는 것을 목표로 삼아야 한다. 조금 뒤에는 다른 일에도 부담 없이 웃게 되거나, 그 친구와 대화를 나누면서 찌뿌둥했던 감정을 털어낼 수 있게 될 것이다.

과거 곱씹기를 떨쳐버린 좋은 예

제리는 2차 면접까지 갔지만 결국 다른 사람이 합격했던 일이 머릿속을 떠나지 않고 괴롭힌다. 질문에 어떤 식으로 다르게 대답했어야 했는지가 계속 생각나고, 합격하지 못한 자신이 실망스럽다. 좌절감에 그는 주먹을 움켜쥔다. 하지만 과거사를 곱씹는 행동은 도움이 되지 못하고 힘들었던 순간에 대한 기억을 내려놓아야 한다는 사실을 깨닫는다. 그래서 그는 앞에서 설명한 단계를 실천한다.

1단계: 제리는 그 일자리에 불합격했다는 사실은 바뀔 수 없음을 인정한다. 어차피 다른 사람이 채용되었으므로 아무리 끈기 있게 재시도해도 소용이 없다. 그 자리에 합격되는 것은 자신의 능력 밖이라는 사실을 이해한 순간 그는 불합격한 일에서 감정적으로 벗어나기 시작한다.

2단계: 제리는 그 일자리의 합격 여부는 우연이 많이 좌우하며 실제로 자신의 실력이 그 일에 전혀 부족하지 않다는 사실을 깨닫는다. 자신이 면접 자리에서 무슨 말을 했는지 두고두고 떠올린 것은 왜 불합격했는지 이해하기 위한 차원에서 행한 행동이었다. 그는 1단계에서 부정적 결과를 인정했고 그 자리에 대한 감정적 집착도 털어낸 덕분에 상황을 더 객관적으로 보게 되었다. 이런 결론을 내린 후 제리는 이제 어디에 지원해야 할지를 생각하고 있다.

3단계: 제리는 그동안 자신이 무슨 말을 '했어야 했는지'만 계속 떠올렸다. 이제 그는 표현의 틀을 바꿔 무슨 말을 '할 수 있었는데' 하지 못했을까를 고민한다. 새로운 표현은 잘잘못에 대한 판단과 스트레스를 줄여줄 뿐 아니라 앞으로의 면접에도 도움이 된다. 그는 다음 면접에서 개선해야 할 부분을 노트에 적었고, 경험에서 교훈을 얻었다고 생각하니 기분이 나아진다.

4단계: 제리는 이미 다른 직장에 지원서를 넣은 상태다. 그는 새로운 기회에 집중하게 되었고, 지난번 면접의 실망스러운 결과는 완전히 떨치고 전진하게 되었다. 그 일을 더 이상 생각해봤자 시간 낭비라는 사실을 깨닫는다. 그는 더 이상 불합격했던 일을 두고두고 떠올리지 않는다!

 **핵심 솔루션**

과거에서 벗어나지 못하는 사람을 위한 5가지 행동 법칙
—

1. 과거 받아들이기

1분 동안, 과거는 영원히 바뀌지 않는다는 사실을 떠올린다.

현실 부정은 감정을 부추겨 과거 곱씹기를 더욱 타오르게 만들 뿐이다. 과거를 인정하기 위해서는 우선 논리적으로 받아들이는 과정을 진행해야 감정적으로도 받아들일 수 있게 된다. 이미 벌어진 일은 바꾸지 못한다는 사실을 매일 떠올린다면 과거는 영원히 고정불변이라는 것을 인정할 수 있다.

2. 과거 곱씹기 대체하기

꺼림칙한 마음을 바꾸는 가장 좋은 방법 중 하나는 자신이 원하는 변화를 떠올리고 그 변화에 맞게 행동하는 것이다. 현재에 충실하게 행동하는 것이 과거 곱씹기를 멈추는 가장 좋은 방법이다. 가령 취업 면접을 망친 일이 머릿속에서 떠나지 않으면 최선의 해결책은 더 많은 자리에 지원하는 것이다. 누군가와의 사이가 틀어진 것이 계속 머리를 헤집고 있다면 밖으로 나가 새로운 사람을 만나는 것이 앞으로 나아가기 위한 최선의 방법이다. 비극적인 사건을 곱씹느라 다른 생각은 전혀 할 수 없다면 자신에게 주어진 삶을 충실하게 살겠다고 결심하는 것이 가장 이상적인 해결책이다. 작은 습관은 과거를 곱씹는 버릇을 대체하려 할 때 큰 도움이 된다. 행동을 가로막는 장벽이 아주 낮은 탓에 감정적으로 녹초가 된 사람일지라도 작은 습관을 실천하는 데에는 무리가 없기 때문이다.

작은 습관은 재앙과도 같은 과거의 사건 때문에 아무 행동도 하지 않고 얼어붙는 것을 피하게 해주는 효과적인 방법이다. 우리 모두는 쓰라린 패배감과 절망감이 들 때에도 어렵지 않게 작은 승리를 가져다주는 좋은 습관과 단순한 목표를 길러야 한다. 그래야만 인생이 우리 앞에 던져놓는 최악의 상황을 이겨낼 수 있다.

3. 우연과 실패의 차이 이해하기

부정적인 결과나 실패가 자꾸 떠오른다면 1분만 시간을 들여 그것이 우연한 결과인지 진짜 실패인지 가늠해봐야 한다. 진짜 실패라면 다른 전략을 고민해야 하고, 순전히 우연이라면 최대한 빨리 똑같은 전략을 다시 시도해야 한다. 우연과 실패가 결합된 결과라면 같은 전략을 다시 시도하되 상황에 맞게 전략을 살짝 비틀어야 한다.

실패는 결과의 원인이 오로지 본인에게 있을 때를 말한다. 이를테면 걸려 넘어지거나, 혼합 음료를 만드는 데 엉뚱한 재료를 넣었다거나, 맞춤법이 틀렸다거나 하는 것이 여기에 해당한다. 우연은 결과 발생에 다른 사람도 관련이 있을 때를 말한다. 특히 누군가를 저녁식사에 초대하거나, 연봉 인상을 요청하거나, '아메리칸 아이돌'에 참가하거나, 에세이 점수가 원하던 것보다 낮게 나오는 등 자신이 아닌 남이 결정을 내린다면 그것은 실패가 아니라 우연이다.

우연과 실패에 대한 이해는 전략상으로도 도움이 되지만, 부정적 결과가 나왔을 때 감정을 조절하고 논리적으로 반응하는 데에도 도움이 된다. '실패'라고 생각한 것이 순전히 우연한 결과임을 깨닫는다면 자신을 너그럽게 봐주면서 다시 한 번 도전하는 것이 훨씬 쉬워진다.

4. 자기 대화의 내용 바꾸기

과거의 상황이나 주제가 계속 떠오른다면 '했어야 했는데'라는 자기 대화를 머릿속에서 들어내고 대신에 달리하면 가능할 수도 있었다는 의미의 '할 수 있었는데'로 바꿔라. 과거 곱씹기가 아니라 지금 겪는 어려움이 떠오른다면, '역경'이나 '고난'으로 보는 대신에 '도전'이라고 바꿔 생각하라.

'했어야 했는데'는 과거에 대한 죄책감이다. '할 수 있었는데'는 미래를 위한 기회다. 자기 대화는 어떤 시각을 지니는지와 관련이 많다. 이것은 말 하나만 바꾸면 될 정도로 굉장히 쉽기 때문에 우리의 삶에도 아주 순식간에 극적인 영향을 미칠 수 있다.

보너스 조언: 인생의 문제? 그런 문제들은 '역경'이나 '고난'이 아니며 심지어는 '문제'도 아니다. 인생의 문제는 '도전'이다! 이렇게 관점만 바꿔도 힘이 생겨나고, 우리는 마치 탁구공을 열심히 주고받을 때처럼 재미있게, 그러면서도 집중력을 발휘해 인생의 도전에 응수할 마음을 먹게 된다.

5. 타이머 작동시키기

적어도 하루에 한 번은 타이머를 작동시킨다면, 자신을 직접 발전시키거나 곱씹는 마음에서 잠시나마 벗어나게 해주는 행동을 시작하도록 스스로를 점화할 수 있다.

움직여야 한다. 곱씹고 있는 대상이 무엇이건 해답은 움직이는 것이다. 지금 이 순간 많이 움직일수록 과거를 곱씹을 기회는 줄어들고 가치 있다고 생각하는 삶을 만들 기회는 늘어난다. 전체적인 측면에서 최고의 행동 전략은 매일 실천하는 작은 습관을 가지는 것이다. 여기에 더해 앞에서 나온 타이머를 이용해 행동을 촉진하는 기법까지 활용하면 더 좋다.

Chapter

6

타인의 시선에서 자유로워진다

"인정받고 싶은 마음이 클수록 가장 적게 인정받고,
인정받을 필요를 적게 느낄수록 가장 크게 인정받는다."
— 웨인 다이어

인간은 주로 두 가지 이유에서 인정받기를 원한다.

첫째, 자신감과 자긍심이 부족하기 때문에 타인으로부터 자신감을 얻기를 원한다. 자신감이 부족한 사람들은 본인이 행동해도 되는지 타인의 허락을 구하는 경향이 있다. 즉, 본인의 의견보다 타인의 의견을 더 중시한다. 기억하라. 타인에게서 얻는 자신감은 자신감이 아니다!

둘째, 모두의 호의를 얻고 싶어 한다. 모든 사람에게서 호감을 얻고 싶다는 마음이 생기면 행동도 영향을 받는다. 그 욕구가 심하게 배어 있기 때문에 심지어는 혼자 있을 때에도 혹시 누군가 자신의 행동을 지켜보는 사람이 있을지도 모른다는 생각에 남을 의식하고 행동한다. 이런 태도에 대한 해결책에 나는 '반항 연습'이라는 이름을 붙였다.

자신감을 기르는 세 가지 방법
—

자신감이 낮다는 것은 불확실성을 의미한다. 무언가를 전혀 확신하지 못할 때 우리는 더 많이 확인하려고 한다. 인정받고 싶은 욕구의 한 가지 해결책은 자신감을 높이는 것이다. 자신감이 높아지면 확인하거나 가치를 인정받고 싶은 욕구도 느끼지 않는다.

이제부터 연습을 통해 효과적으로 자신감을 기를 수 있는 방법을 소개하려 한다. 그저 생각하는 것만으로는 자신감이 길러지지 않는다. 자신감을 기르려면 직접 해봐야 한다.

자세 바꾸기

앞에서 커디의 연구를 소개한 바 있다. 이 연구에 참가한 사람들은 2분 동안 자신 있는 자세(하이파워 자세)를 취했더니 테스토스테론 수치가 20퍼센트 올라갔고, 반면에 스트레스 호르몬인 코르티솔 수치는 25퍼센트 떨어졌다. 손쉬운 '행동'을 단 2분 동안 했을 뿐인데도 자신감을 끌어올리는 화학 호르몬 수치에 상당한 변화가 발생했다. 이 결과가 도움이 되지 않을 만한 상황을 찾아내는 것이 오히려 힘들 정도다. 그만큼 자신감은 우리가 살면서 어떤 일을 하건 없어서는 안 될 요소다.

커디의 연구결과를 감안하면, 자긍심이 낮은 사람들에게 자신 있는 포즈를 제안하는 것도 상당히 괜찮은 방법이다. 미봉책에 불과할지라도 매일 꾸준히 연습하면 할수록 자신감이 더 영구히 자리 잡을 수 있다. 연습하기도 얼마나 쉬운가. 그냥 팔을 양옆으로 쭉 뻗기만 하면 된다!

자신 있는 포즈는 비교적 공간을 넓게 차지한다는 특징이 있다. 양팔과 양발을 넓게 벌리고 서거나, 가슴을 쭉 펴거나, 등을 곧추 세운 자세 등이 여기에 속한다. 복종적 자세는 정반대의 영향을 미치는데, 코르티솔 수치가 올라가고 테스토스테론 수치는 내려간다. 또한 상대적으로 적은 공간을 차지한다. 웅크린 자세, 팔이나 다리를 안쪽으로 교차하는 자세, 구부정한 자세 등이 여기에 속한다.

하늘을 나는 새라도 된 양 공공장소를 걸어 다니는 것은 답이 되지 못할 수 있다. 조금 더 절제된 훈련을 원한다면 상황을 가려 가며 연습을 해도 좋다. 이를테면 면접 전에 화장실에서 자신 있는 포즈를 취해본다거나 하는 식이다(연구진은 이 구체적인 사례를 실험했고 이것 역시 효과가 있었다). 하지만 데이트나 프레젠테이션, 회의 전에 하이파워 자세를 연습하는 것은 어떨까? 가슴을 당당히 펴고 공간을 넓게 차지하는 자세라면 어떤 것이든 효과가 있다.

가짜 자신감

나는 "성공하기 전까지는 성공한 척하라"라는 말을 적극 지지한다. 거짓으로 꾸며내는 것을 좋아할 사람은 없기 때문에 얼핏 잘못된 전략으로 생각하기 쉽다. 그러나 이 전략은 자기 의심을 잠시나마 보류시키고 스스로를 자신감이 넘치는 사람처럼 생각하고 행동하게 만들어준다. 한 번도 자신 있게 행동한 적이 없다면 자신감이 있는 척 연기를 해야 한다. 물론 처음에는 거짓을 보여준다는 생각이 들 수 있다.

자신감이 들지 않는 상황에서 가짜 자신감을 내보여야 할 기회가 생긴다면 좋은 기회가 왔다고 생각하고 연습하고 실천하라. 연극이나 영화에서 배역을 맡는 것과 다르지 않다는 마인드를 가지면 된다. 스스로의 마인드에 자신감이 넘치는 페르소나를 만들고, 자신이 그 역할을 맡아 열연한다고 생각하라.

스스로에 대한 의심이 아주 강하게 드는데도 억지로 자신감을 내보이는 것은 정직하지 못할뿐더러 심지어는 너무 힘들어서 못해 먹겠다는 생각이 들 수도 있다. '자신 있는 척'할 필요 없이 자신감을 기르는 연습방법이 있다. 바로 기준점을 수정하는 것이다.

기준점 조정하기

자신감을 끌어올리는 데 도움이 된다고 주장하는 전통적 방법은 자아를 격려하는 데에만 초점을 맞춘다는 결함이 있다. 위의 두 방법도 자신감 향상에 도움이 될 수 있지만, 자신을 격려하는 것은 등식의 한쪽만을 채우는 방법이다. 자신감이란 그 대상이 무언가에 따라 상대적으로 달라질 수 있는 것이기 때문이다. 실제로 자신감은 독립적으로 떨어져 나온 속성이 아니다. 어떤 사람이 전반적으로 자신감이 넘치는 사람일지라도, 그것은 그의 마인드에 있는 기준과 비교했을 때 자신이 전반적으로 유능하다고 생각하기 때문에 나오는 결과다.

자신감이 죽 끓듯 변하는 데 달리 어떤 이유가 있을까? 구직 활동에서 열 번이나 퇴짜를 당하면 자신감이 확 줄어들 수 있다. 본인이 변했기 때문이 아니라 마음속의 기준점보다 본인이 아래라는 사실이 드러났기 때문이다. 우리는 자신에게 초점을 맞추는 존재다. 그렇기에 우리는 주위 상황보다는 그나마 자신의 행동을 예측하기가 더 쉬운 상황에서도 상황을 바꾸려는 데에만 더 많이 공을 들이려 한다.

대다수 사람들은 자신감의 내부적 측면에만 신경을 쓰고 그것의 상대성은 인식하지 못한다. 그러다 보니 '자신감을 기르고' '당신 자신을 믿기' 위한 전술을 사용해야 한다는 조언만 여기저기에

난무한다. 물론 이 조언 자체가 틀린 것은 아니다. 하지만 자신감은 상대적인 것이니만큼, 무엇에 비해 상대적인지 명확히 파악하는 게 중요하다.

비완벽주의자는 세상에서 가장 자신감이 넘치는 사람들이다. 그들이 태생적으로 뛰어나서가 아니다. 비완벽주의자는 자신에게 딱 맞는 기준점을 정하는 일에 있어서 누구보다도 선수이기 때문이다. 그들은 자신이 무엇에 자신이 있는지 능동적으로 결정한다. 상대적인 자신감의 예를 이해하기 위해 다음의 다섯 가지 시나리오를 보고 어느 것에서 성공할 자신이 있는지 생각해보자.

1. 코끼리거북과 경주하기(코끼리거북의 최대 속도는 시속 0.3킬로미터)
2. 닭과 경주하기(닭의 최대 속도는 시속 14.5킬로미터)
3. 이웃과 경주하기(이웃인 베티의 최대 속도는 시속 20.9킬로미터)
4. 세계에서 가장 빠른 사람 우사인 볼트와 경주하기(우사인 볼트의 최대 속도는 시속 44.8킬로미터)
5. 치타와 경주하기(치타의 최대 속도는 시속 112.6킬로미터)

이들이 상대하는 것은 단 하나, 당신의 빠르기다. 하지만 질문의 답은 아래로 내려갈수록 달라진다. 맨 마지막의 치타로 내려갈수록 자신감이 줄어드는 느낌이 들지 않았는가? 이런 식으로 자신감은 상대적인 것이다. 코끼리거북과 경주할 때면 당신은 속도의 제왕이다! 그러나 치타와 달리기 경주를 한다면 '인간 번개'라고 불리는 우사인 볼트마저도 쓰라린 패배를 맛볼 수밖에 없다. 이처럼 우리의 자신감은 상대적인 기준점이 적절한지, 낮은지, 높은지에 따라 좌우된다.

한 분야에서 혹은 전체적으로 자신감이 들지 않는다면 "내 기준점은 어디에 설정돼 있지?"라는 질문을 스스로에게 던져야 한다.

나는 달리는 것 하나는 자신이 있었다. 내가 정한 기준점이 치타나 우사인 볼트가 아니기 때문이다. 고등학교 시절에 심심풀이로 학교 친구들과 달리기 시합을 벌인 적이 있었다. 당시 나는 내가 세상에서 두 번째로 빠른 인간이라고 (진심으로) 믿고 있었지만, 다른 두 명의 친구가 출발선상에서 로켓처럼 쏜살같이 달려 나가 나를 간단히 앞질러버린 데 적잖이 충격을 먹었다. 나를 앞지르다니! 그 두 사람 때문에 내 자신감의 기준점이 한참 높아지면서 내가 마치 달팽이 같은 느림보가 된 기분이었다. 나중에 다른 주위 사람들에 비하면 그나마 내가 빠른 편이라는 걸 다시 느끼게 되었을 때 달리기에 대한 자신감이 다시 살아났다. 당신도 알겠지만, 자신감이 다시 살아난 건 내가 더 빨라져서가 아니다. 기준점이 다시 현실적으로 조정되었을 뿐이다.

그런 기준점은 모든 분야에 존재한다. 매력, 똑똑함, 사교 능력,

신체적 힘, 유머감각, 그리고 자신감 자체(본인의 자신감 수준을 얼마나 자신하는가)에도 존재한다. 우리는 오르락내리락하는 다양한 분야의 기준점에 비교해 우리의 능력을 끊임없이 저울질한다.

아마도 우리 대부분은 얼마나 자신 있는지 판단하기 위해 '평균치' 모형을 이용하는 것 같다. 우리는 한 분야의 평균 실력이 어느 정도인지에 대한 나름의 판단 기준을 정하고 그 기준에 맞춰 스스로의 능력을 판단한다. 그러나 이것은 자신감을 측정하기에는 심히 문제가 많은 방법이다. 본인의 사이즈에 맞는 셔츠를 사는 것이 아니라 '평균 사이즈'의 셔츠를 사는 것과 다르지 않다. 어떤 사람에게는 평균 사이즈가 맞을지 몰라도 그렇지 않은 사람도 많다.

한 분야의 '평균치'는 모든 것을 압도할 정도로 중요하지 않다. 게다가 대부분의 분야는 개념적이고 모호하고 주관적인 성격이 강하기 때문에 어느 정도를 평균치라고 잘라 말하기도 힘들다. 스스로는 본인의 외모가 평균밖에 되지 않는다고 생각할지라도 누군가에게는 세상에서 가장 아름다운 사람일 수 있다. 본인은 스스로를 짐 캐리에 버금갈 정도로 익살맞고 재미있는 사람이라고 생각할 수 있지만 실상 그만큼 재치가 넘치는 사람은 별로 없다.

평범하다고 생각되는 수준, 살면서 겪은 사람들의 수준, 혹은 TV에서 본 것 등을 사람들은 터무니없게도 자신감의 기준점으로 삼는다. 하지만 모든 자신감의 기준은 임의적이며 그렇기에 우리는 스스로에게 맞는 기준점을 설정해야 한다.

내가 비완벽주의자로 변신할 수 있었던 결정적 열쇠 하나는 나에게 맞는 자신감의 기준점을 정한 일이었다. 스스로에게 맞게 정의하고 설정한 자신감만이 유일하게 안정적인 자신감이다. 그렇지 않으면 주위 사람들의 말에 휩쓸려 기준점이 수시로 변하고 자신감도 널뛰기를 한다. 자신감의 기준점은 다른 누구도 아닌 자기 자신이 통제할 수 있어야 한다.

현실에 맞게 기준점을 수정하라

본인의 자신감을 평가한 후 원하는 수준으로 억지로 끌어올리지 말아야 한다는 것이 자신감을 바라보는 올바른 시각이다. 촌철살인의 강연을 할 자신이 없다면 아무리 스스로를 심리적으로 북돋아도 하루아침에 달라질 리가 없다. 연습으로 조금씩 바꿔 나가는 수밖에 없다. 그러면 원하는 수준에 도달하기 전까지는 어떻게 해야 하는가? 서툴거나 평균치 강연 능력 정도는 있다는 것을 자신감의 기준점으로 삼으면 된다.

강한 자신감을 기르기 위한 열쇠는 지금 현재 어느 정도를 자신 있게 할 수 있는지 구체적으로 가늠하고 거기서부터 출발하는 것이다.

사람들은 무언가에 대해 자신감을 얻지 못하면 전략적으로 싸우기보다는 감정적으로 싸우려는 편이다. 하지만 이 책의 주제는 감정 조절이 아니라 전략이라는 사실을 잊지 말기 바란다. 자기 자신을 바꾸려 노력하기보다는 기준점을 바꾸는 것이 훨씬 쉽다.

내 개인적인 이야기를 하면 이렇다. 앞서 들었던 예에서도 충분히 짐작하겠지만 내가 최악의 완벽주의자로 굴었던 분야는 바로 연애였다. 신사로서의 매력과 자신감에 있어서 내가 정한 기준점은 제임스 본드였다. 그러다 보니 관심이 가는 여자들에게는 다가가서 말을 거는 것조차 힘들었다. 그런 일이 반복될수록 내 자신감은 무너졌다. 나는 제임스 본드가 아니지 않은가(숙녀분들, 그래도 나는 꽤 근접한 편이다. 흠흠). 나를 007이라고 착각하며 마음을 북돋우는, 아예 먹히지도 않는 방법에 매달리는 대신에 기준점을 바꾸었다. 나는 기준점을 코끼리거북으로 맞추었다. 코끼리거북에 비하면 내가 훨씬 말끔하게 생긴 편이다(게다가 훨씬 빠르기도 하다).

내가 현실에 맞게 수정한 새로운 기준점은 여자에게 다가가 "안녕하세요"라며 인사를 건네는 것이었다. 그 정도면 자신 있게 할 수 있다는 생각이 들었고 실제로도 할 수 있었다! 여자들에게 재치를 뽐내거나 매력을 발산해야 한다는 압박감은 전혀 들지 않았다. 몇 달 후 나는 처음 보는 여자에게도 말을 걸 정도가 되었고 "강심장"이라거나 "꽤 자신만만한 사람 같다"는 말도 들었다. 수십 명이 운동을 하는 헬스클럽에서 스테어마스터를 걷고 있는 한 여자에게 다가가 말을 걸었을 정도이니 말이다. 내 자신감이 급속도로 진척이 있었다는 것은 알 수 있지만 그 방법이 왜 효과가 있는지 궁금할 것이다.

기준점의 의미가 무엇인지 생각해보자. 이성에게 다가가는 능력에 있어서 기준점이 제임스 본드라면 말도 안 되게 높은 수준이지만 동시에 '충분히' 높은 수준이기도 하다. 우리는 본드 2.0이 될 수 없는 탓에 그 수준까지 올라갈 수 없고 그렇기에 불안정하다. 다르게 생각하자. 본드는 충분한 수준이다. 나는 우선 "안녕하세요"라고 인사말을 건네는 것을 충분한 수준으로 삼았다. '충분하다'는 세상에서 완벽주의와 가장 거리가 먼 개념 중 하나다.

매번 자신 있게 도달할 수 있는 수준을 기준점으로 삼으면 기준점에 올라선 후에 어떤 일이 벌어질지 걱정하지 않아도 된다. 높게 잡은 기준점을 따라잡았을 때에도 당연히 그렇지만, 혹여 낮은 기준점을 달성했을 뿐일지라도 하찮게 토끼 뒤나 쫓는 사냥개 같다며 자신의 성과를 무시해서는 안 된다. 기준점에 올라섰다는 것은 자신감의 발판을 마련했다는 뜻이다. 그러므로 스스로 성공의 기쁨을 만끽할 수 있도록 허락해야 한다.

기준점에 올라선 후에는 그 이상까지도 올라갈 가능성이 높다는 부수적인 효과도 있다. 성공했다는 느낌이 들면 당연히 긴장이 풀리고 '잘했는지 아닌지' 따져봐야 한다는 걱정도 사라진다. 이것이 바로 자신감이 넘치는 사람의 행동이다. 기준점 설정은 두 가지 방식으로 움직인다.

기준점 설정에서 작용하는 두 가지 요소는 능력과 자신감이다. 첫째로, 자신이 정한 무언가를 할 수 있어야 한다. 그러면 자신 있게 그것을 할 수 있다. 내가 처음에 "안녕하세요"를 기준점으로 정했을 때 나는 언제나 자신 있는 어조로 그런 인사말을 하지는 못하는 상태였다. 나는 단지 내가 그런 인사를 건넬 능력이 있다고 자신했을 뿐, 자신 있는 어조로 말을 건넬 능력이 있는지는 확신하지 못했다. 나는 제임스 본드 같은 사람이 될 수 없었기 때문에 노력도 연습도 거의 하지 않았고, 그렇기에 진정한 자신감을 발전시킬 기회도 만들지 않았다. 기준점을 정한다고 해서 자동적으로 자신감을 내보일 수 있다고 기대해서는 안 된다. 기준점은 연습을 시작하게 해주는 계기이고, 연습하다 보면 어느샌가 자신감이 등장하게 된다.

자신감이란 겁을 먹지 않고 마음 편하게 구는 태도이기 때문에 무언가에 자신감을 기르려면 연습이 필요하다. 목공일에 자신감이 생기면 편한 마음으로 목공 기술을 사용할 수 있게 된다. 전반적으로 자신감이 올라가면 대부분의 상황에 마음 편하게 대응할 수 있게 된다.

자신감이 강한 사람은 타인의 승인이나 확인을 필요로 하지 않는다. 인정도 승인도 자기 안에서 우러나오기 때문이다. 자신감은 기술이다. 따라서 연습을 통해 향상시킬 수 있다.

허락을 받아야만 움직일 수 있는가

인정받고 싶은 욕구는 자신과 생각 사이에 벽을 만든다.

모든 완벽주의가 다 그렇듯이 허락을 받고 싶은 욕구는 우리의 자유를 위협한다. 외부의 확인을 통해 우리는 위안을 얻고 안심하게 된다. 그러고는 외부의 확인 없이 결정을 내리는 것은 너무 위험한 행동이라고 여기기 시작한다(의사로부터 특정 행동을 해도 된다는 말을 듣는 것과 비슷하다고 생각하면 된다).

우리가 어린 시절부터 그렇게 자라왔기 때문일 수도 있고 아니면 불안감 때문일 수도 있다. 그러나 많은 사람들이 어떤 행동을 해도 된다는 허락에 지나치게 의존하는 편이다. 허락은 우리의 외적 생활에서 큰 부분을 차지하고 우리 주위에는 규칙이 흘러넘친다.

결국 무언가를 하기 위해서는 요건을 준수하지 않으면 허락할 수 없다는 규칙이 존재하는 것이다. 우리는 나라의 법을 지켜야 하고, 기업 정책과 사회 규범과 예의범절 등등 수많은 규칙을 지켜야 한다.

어떤 규칙은 질서 유지를 위해 꼭 필요하지만 어떤 규칙은 별로 중요하지 않은데도 우리는 그런 규칙까지도 어길까 봐 두려워한다. 오후 3시에 아이스크림을 먹어도 되는가? 낯선 사람에게 다가가 말을 건네는 것은 사회적으로 용납되는 행동인가? 적당한 이유가 있기는 하지만 그래도 같은 사람에게 이메일을 연달아 네 통 보내도 괜찮은가? 안 된다고 할지라도 이런 규칙은 어겨도 아무 탈이 없다.

자신의 일을 결정함에 있어서 타인의 허락이라는 안전담요를 두르는 것은 단지 불필요한 차원을 넘어 해로운 행동이기도 하다. 그러다 보면 우리 자신은 자신감 부족이라는 습성에 젖기 때문이다. 자신감이 강한 사람은 타인의 허락을 구하지 않는다.

모든 행동에는 결과가 따르지만 정말로 유의미한 결과가 따르는 행동은 극소수다. 사람들은 창피당하거나 거절당할까 봐 걱정하지만 사실 이로 인해 입는 피해는 거의 없다. 이메일을 네 통 연달아 받은 상대는 당혹스러워할지도 모르고, 당신이 열심히 떠올린 제안을 거절하는 빌미가 될지도 모른다. 그러나 그만큼 끈기 있는 사람이라는 남다른 인상을 심어줄 수도 있다. 미리 걱정하지 않는 것이 최선이다. 무언가를 하고 싶고 나름의 이유도 충분하다면 그냥 하면 된다.

거절을 당하면 낙담할 수 있지만 거절이건 실패건 그 상황에 국한된 일일 뿐이라는 사실을 기억하라. 사람이, 시기가, 방식이, 아니면 분야가 맞지 않았을 뿐이다. 한 번 거절당했다고 앞으로 있을 모든 일에 대한 거절이라고 예상해서는 절대 안 된다.

당혹감과 창피함을 견뎌라

당혹감도 우리에게 별 도움이 되지 않는 감정이다. 당혹감 덕분에 인생이 발전했다고 느낀 순간을 떠올릴 수 있는가? 오히려 낙담에 빠져 아무것도 하지 못하거나 더 큰 당혹감을 느끼지 않았나? 사실 이것이 당혹감의 기능이지만, 그것은 일종의 순환 논법이다. 고통은 미래의 더 큰 고통을 피하는 계기가 되지만 동시에 우리를 보호해주는 중요한 기능도 한다. 고통스러운데도 똑같은 행동을 반복하면 심각하거나 심지어 영구적인 신체 손상을 입는다. 고통은 그만큼 우리의 몸에 큰 피해를 입힌다. 그러나 당혹감은 다르다. 당혹감은 당혹스럽다는 불편한 감정을 제외하고는 우리 몸에 다른 피해를 입히지 못한다.

결국 당혹스럽다는 감정에서 벗어난다 해도 더 이상 문제가 없다는 말이 된다. 남에게 해를 끼치지 않는 한, 내가 어떤 당혹스러운 행동을 했을 때 벌어질 만한 유일한 부작용은 남들과 거리감이 생긴다는 것뿐이다. 그러나 자신의 기준대로 인생을 살아가기 위해 남들과 거리를 둘 필요가 있다면 그건 그것대로 나쁘지 않다.

'평판을 보호하기 위해' 때로는 당혹감을 느낄 필요가 있다고 말한다면 쓸데없이 너무 극단으로 치우친 생각이다. 이 말을 하는 이유는 대다수 사람들은 정반대의 극단에 머무르기 때문이다. 그렇지 않다면 춤을 춰도 싫은 소리를 듣기는커녕 적극 응원을 받을 수 있는 장소에서도 지나치게 몸을 빼며 춤을 추지 않는 사람들이 많은 이유를 달리 어떻게 설명하겠는가?

공공장소에서 체면에 아랑곳없이 행동하는 사람들을 본 적이 있는가? 그들을 보면서 어떤 생각이 들었는가? 비웃음이 나왔는가? 깊이 생각해보자. 혹시 남들이 뭐라 하건 상관하지 않고 열광적인 행동을 할 수 있는 그들의 용기에 질투가 나지는 않았는가?

당혹감에 무감각한 반사신경이 길러진다면 더할 나위 없이 좋다. 그 순간 우리에게는 자유가 찾아온다. 세상의 '미친' 사람들은 자신을 위해 그런 무감각을 기른다. 그들은 창피당할 것을 걱정하지 않는다. 하지만 우리 대부분은 그간의 행동에 너무 길들여져 있기 때문에 자유를 얻을 것을 알면서도 얼굴에 철판을 깐 행동은 시도조차 하지 않는다.

나체로 대로를 뛰어다니라고 말하는 것이 절대 아니다. 다만 창피함과 당혹감에 겁먹을 필요가 없다는 것이다. 그러나 더 자주 창피를 무릅쓰지 않는 한 우리는 계속 창피당할 것을 겁내게 된다.

완벽주의자가 완벽주의를 극복하는 유일한 방법은 완벽하지 않은 행동을 연습하는 것밖에 없다. 행동을 연습하는 목적은 습관을 만들기 위해서다. 우리는 원래부터 살아왔던 방식에 가장 마음이 편해진다.

300명의 사람들이 지켜보는 가운데 속옷 바람으로 무대에 올라가 5분 동안 춤을 취야 한다고 상상해보라. 그런 행동에서 즐거움을 찾는 '흥미로운' 사람들을 제외하면 그렇게 한다는 상상만으로도 사람들은 눈앞이 깜깜해질 정도로 당혹스러워한다. 하지만 그런 행동을 매일 한다면? 1년 후에도 여전히 미친 짓 같아 보이기는 하겠지만, 그래도 어느 정도 속 편한 마음으로 무대에 올라설 수 있을 것이다.

불법적인 행동이거나 남에게 피해를 주는 행동이 아닌 이상 허락을 구할 필요도 없고 창피당할 것을 겁낼 것도 없다. 그러지 못하면 원래의 자신으로 되돌아간다. 당혹감과 창피함을 겁내지 않으려면 어떻게 해야 할까? 이때에도 연습만이 해결책이다. 우리는 반항 연습을 해야 한다.

세상과 나를 분리시키기 위한 작은 반항 습관들
—

인정받고 싶은 욕구를 극복하는 논리적인 방법은 남들이 인정해주지 않을 만한 행동을 하는 것이다. 법을 어기거나 사람들에게 가혹한 행동을 해야 한다는 말이 아니다. 반항이라고 하면 흔히들 방탕한 파티, 불법 약물, 무책임한 생활 등을 떠올리지만 그건 특정한 유형의 반항이다. 다시 말해 권위에 대한 반항이다. 아이 시절부터 우리는 언제나 누군가의 권위 밑에서 지내왔다. 부모의 권위, 선생님의 권위, 코치의 권위 밑에서 지내면서 반항을 권위와 연관시킨다. 그러나 반항의 개념은 그보다 넓다.

- 우리는 일반적인 생활방식에 반항할 수 있다.
- 우리는 사회의 기대에 반항할 수 있다.
- 우리는 동료의 압박에 반항할 수 있다.
- 우리는 특정한 기준이나 기대에 반항할 수 있다.

인정받고 싶은 욕구가 강한 사람은 반항자가 아니다. 그들은 모든 행동을 표준에 맞추려 노력하기 때문에 자기 고유의 방식으로는 잘 살지 못한다. 그것까지는 아니어도 그들은 타인의 비난을 최소한으로 받을 만한 생활방식을 유지하려 노력한다. 그들이 인정받고 싶은 욕구를 이겨내려면 반항해야 하고 연습을 해야 한다. 타인의 인정에 아랑곳하지 않을 때 우리는 자유롭게 자신의 본모습을 살릴 수 있고 평소라면 하지 않을 행동을 용기 있게 할 수 있다.

인정받고 싶은 욕구는 넓은 분야에 걸칠 수도 있고 특정 분야에만 해당할 수도 있다. 특별한 사람의 인정을 받고 싶을 수도 있고, 사회 전체의 인정을 받고 싶을 수도 있고, 둘 다일 수도 있다. 숫기 없는 독신남의 문제점은 여자들의 인정을 받아야만 움직인다는 데 있다. 그 남자가 어떤 여자에게 호감이 간다고 말하는데 그 여자가 자기는 아니라고 말한다면, 그에게는 그녀가 자신을 잠재적 짝으로 인정하지 않거나 그의 접근을 허락하지 않는다는 뜻으로 비춰진다.

반항을 어리석게 굴거나 몰이해하게 구는 것과 혼동해서는 안 된다. 반항을 하다 보면 그런 모습이 동반될 수 있기는 하지만, 기본적으로 반항이란 우리 자신의 행동에 대해 타인의 통제를 받지 않는다는 뜻이다.

모두에게 인정받으려 노력하는 행위도 어리석은 짓이다. 어차피 우리가 보이는 본모습을 누군가는 좋아하겠지만 누군가는 싫어하기 마련이다. 그런 결과는 노력 여부와는 관계가 없다.

인정받고 싶은 욕구는 자신의 본모습을 침해한다. 이 진실은 인정받고 싶은 욕구가 강한 사람은 자신이 누구인지 모른다는 또 다른 진실과도 연관이 있다. 자신이 누구인지 안다면 스스로에게 충실하게 살기가 훨씬 쉬워진다. 아직 어리거나 혹은 너무 오랫동안 따라하는 데 익숙한 사람들이 그러하듯, 자신이 누군지 모른다면 우리는 자신이 아닌 외부에서 자신의 본모습을 발견하려 한다.

타인으로부터 인정받으려 노력하지 마라. 그럴수록 자기 자신에게서는 결코 인정받지 못하게 된다.

사실, 말이 쉽지 실천하기는 어렵다. 수년 동안 발견하지 못했던 자신의 본모습을 하룻밤 사이에 찾을 수는 없다. 그러나 우리는 자신의 본모습을 찾기 위한 첫걸음은 뗄 수 있다. 그것이 바로 반항이다. 자신의 인생에 울타리를 치고 있는 것이 있다면 그것이 무엇이든 반항하라. 한 번만 해보면 된다. 한 번만 자유로운 마음으로 선택을 내리는 순간 우리는 자신의 진짜 모습을 발견하게 된다.

과거에 내렸던 결정을 떠올린 후 인정받고 싶은 욕구가 그런 결정에 얼마나 영향을 미쳤는지 생각해보라.

그 결정이 사사건건 간섭하고 훈수를 두기 좋아하는 사람과 관련이 있는가? 평소 존경하거나 좋아하는 면이 있었던 가족이나 친구와 관련이 있는가? 아니면 위치에 맞게 행동해야 한다는 사회의 기대에 부응하지 않으면 안 된다는 전체적인 불안감과 관련이 있는가?

반항하기 계획은 현재 인정받고 싶은 욕구가 강한 부분을 해결하기 위한 것이어야 한다. 개인적인 이야기를 하자면, 나는 사회 전체의 기대와 판단에 굉장히 민감한 편이다. 그래서 내 반항 연습은 공공장소에서 벌러덩 드러눕거나(해봤다) 얼간이처럼 춤을 추거나(안 그럴 때가 없기는 하다) 여자에게 말을 걸거나(점차 나아지고 있다) 그 밖의 민망한 행동 등을 포함한다. 이런 행동을 한 뒤에는 여지없이 힘이 불쑥 자라났다는 느낌이 든다. 어쩌다가 생긴 결과가 아니다. 내가 세상에 좌우되지 않을 것임을 내 자신에게, 그리고 주위에 보여주었기 때문에 생긴 결과다.

인정받고 싶은 욕구가 특정한 사람이나 집단과 관련이 있다면 그 사람이나 집단이 자신의 행동에 어떻게 인위적인 영향을 미치는지 구체적으로 파악해야 한다. 혹시 자신이 간절히 원하는 일자리에 대해 친구들이 이러쿵저러쿵 말을 해서 당혹스러운가? 자신이 정말로 원하는 길인가, 아니면 부모가 인정할 만한 길인가?(이 경우에는 문제가 더 복잡하다. '엄마'의 기분을 상하게 만들고픈 사람은 아무도 없기 때문이다.) 어떻게 상황을 다뤄야 하는지는 상황별로 달라진다. 그 사람과의 관계와, 그 사람의 영향 때문에 하지 못하게 되는 행동 사이의 경중을 따져야 한다. 반항을 하면 그 사람과의 관계에 금이 갈까 두려운가? 금이 가는 것을 감수하고 할 만한 행동인가?

당신이 만약 진심으로 완벽주의를 극복하고 싶고, 또 완벽주의의 근본 원인이 인정받고 싶은 욕구에 있다고 판단되면, 작은 반항 습관을 만들고 매일 연습할 것을 권한다. 꼭 어려운 방법을 써야 할 필요는 없다.

지금 이 순간 인정받고 싶은 욕구 때문에 힘들지만 상황에 적절한 반항 방법이 무엇인지 모르겠다면 그냥 일반적인 연습을 해보기를 권한다.

광범위한 차원의 사회적 반항 연습은 반항하는 방법을 가르쳐 준다는 점에서 개개의 상황에 적용하는 데에도 도움이 된다. 사회적 반항 연습은 타인의 실망감을 무릅쓰고서라도 본인의 생활방식에 변화가 절실할 때 좋은 초석이 될 수 있다. 다시 말하지만 반항이라고 해서 무언가 '나쁜 행동'을 떠올리지는 말기 바란다. 타인에게 실망감을 줄 수 있는 행동에는 형편없는 사람과 결혼하는 것부터 가족의 전통을 거스르는 직업을 갖는 것뿐만 아니라 당신이 평가 받는다고 느끼는 수많은 악의 없는, 뜻밖의 행동들도 있다.

일반적인 반항 연습에는 다음과 같은 것들이 있다.

공공장소에서 자신감 있는 포즈 취하기: 이 반항 연습은 일석이조의 효과를 거둘 수 있다. 커디의 자신감 연구를 반항 연습과 합친다고 생각하면 된다. 공공장소에서 새처럼 두 팔을 넓게 벌리는 연습은 두 가지 효과를 거둘 수 있다. 첫째, 화학적으로 자신감 수치가 올라간다. 둘째, 사람들이 어이없다는 눈길로 쳐다보기 때문에 아주 훌륭한 반항 연습이다.

공공장소에서 노래 부르기: 공공장소에서 내키는 대로 노래를 부르는 사람을 본 적이 있는가? 솔직히 나도 그런 사람들의 행동을 내 멋대로 재단했지만 그들은 신경 쓰지 않았다. 그들은 좋은 시간을 보내고 있고 인생을 즐기고 있었다. 그만한 반항 연습이 없다. 정신적으로야 힘들겠지만 신체적으로는 수월하게 할 수 있고 얼굴에 철판을 깔아야 하고 재미도 있기 때문이다. 최악의 음치라면 웃을 이유가 하나 더 늘어난다. 미친 사람으로 여겨지겠지만 그것도 이 연습의 일부다. 타인의 눈에 미친 사람으로 비친다면 타인이 당신을 인정하지 않는다는 증거다. 대부분의 사람들은 공공장소에서 노래 부르는 사람을 보면 괴짜 같다고 생각한다.

공공장소에서 30초 동안 누워 있기: 나는 이 아이디어를 티모시 페리스Timothy Ferriss의 베스트셀러『4시간 The 4-Hour Workweek』에서 처음 접했다. 페리스는 안락지대를 넓히기 위한 방법으로 이런 행동을 제안한다. "어떤 이유에서건 모르는 사람들 앞에서는 바닥에 드러누워서는 안 된다"가 우리 사회의 불문율이지만, 그 규칙을 어겨도 아무에게도 해가 되지 않으며 불법도 아니라는 사실이야말로 이 아이디어가 가진 미묘하게 반짝이는 특징이다. 공공장소에 드러눕는 것은 우리의 행동을 통제하기 위해 계속해서 압박을 가하는 사회에 도전하는, 안전하지만 효과적인 방법이다. 쇼핑몰이나 대형 상점에서 이 행동을 해보기 바란다. 나는 이 방법을 조금 변형해 팔굽혀펴기를 한다. 아무 곳에서나 벌러덩 몸을 숙이고 재빨리 팔굽혀펴기를 한다. 최근에는 사람이 꽉 들어찬 술집에서 팔굽혀펴기를 했고, 근처의 사람들이 그런 내 모습을 사진에 담았다.

낯선 사람에게 말 걸기: 적절한 이유 없이 낯선 사람에게 말을 거는 것은 사회적 규범상 괜찮은 행동이 아니다. 대다수는 그렇게 생각하고 예전의 나도 그랬다. 그러나 이것은 아주 잘못된 사회 규범이다. 낯선 사람에게 자주 말을 걸어본 사람이라면 내 말에 동의할 것이다. 심지어는 낯선 사람과 사소한 잡담을 나누면 행복감이 더 높아진다는 연구결과도 있다.[34] 이 연구는 대중교통을 이용할 때 고독하게 있는 것과 처음 보는 사람에게 말을 거는 것의 차이를 실험했다. 대다수 참가자들은 아무하고도 이야기를 나누지 않는 것을 선호한다고 주장했지만, 실제로는 "처음 보는 사람에게 말을 걸 때 그렇지 않을 때보다 긍정적인(그리고 못지않게 생산적인) 감정을 경험했다고 보고했다."

완벽주의자는 이런 충고에 항의할 것이다. "처음 보는 사람에게 무슨 말을 합니까?" 이번에도 기준점 조정하기에서 답을 찾아야 한다. 대화를 근사하게 이끌어나갈 자신이 없다면 그냥 "안녕하세요" 정도만 말하는 것을 성공 기준으로 삼아라. 할 말이 더 떠오르면 금상첨화다. 손발이 오그라드는 느낌이 들 수 있지만 반항 연습으로는 제격이다!

슬로모션으로 걷기: 해가 없는 사회적 행동이지만 사람들의 눈총을 받기에 딱 좋은 행동이기도 하다. 그게 무슨 반항 연습이냐고 무시하면서 "그냥 바보 같은 행동이야. 무슨 도움이 되는데?"라는 말이 나오기 십상이다. 이 질문을 더 유용하고 재미있는 표현으로 바꾸면 이렇다. "그렇게 사소한 행동이 왜 사람들의 눈살을 찌푸리게 만든다는 거지?" 질문의 대답은 완벽주의다. 사회는 우리에게 걸을 때는 얼마간의 속도 범위를 유지해야 하고 일정 방향을 응시해야 한다고 말한다. 여기에서 벗어나면 눈총을 받고 질문을 받고 판단의 대상이 된다. 참 웃긴 일 아닌가.

순응의 압력은 언제나 존재한다. 순응의 압력으로 인해 우리는 완벽주의 성향에 더욱 굴복하게 된다. 앞에서 말한 반항 연습은 우리를 옥죄는 그 우스꽝스러운 기대를 만천하에 드러내고 도전장을 내미는 데 목적이 있다. 공공장소에서 대자로 누워 있거나 슬로모션으로 걸으면 미쳤다는 소리를 들을 것이다. 그런데 정말로 미친 행동일까? 어쩌면 그럴지도 모른다. 하지만 혼자서 괜히 타인의 눈을 의식하고 걱정하는 것이 훨씬 더 미친 짓이다.

살면서 타인의 인정을 받기 위해 노력하지 말아야 한다는 것은 절대 아니다. 당연히 노력해야 한다. 배우자의 인정을 받고 싶어서 노력하는 것은 현명한 행동이다. 문제는 인정받고 싶은 욕구가 오다가다 만나는 모든 사람은 물론이고 사회 전체로 확대될 때다. 그러다가는 언제나 단조롭고 남들의 기대대로 행동하고 몸을 사리는 생활에 푹 파묻혀 자신의 진짜 인격과 개인적 선호가 질식사하는 사태가 발생한다.

흔히들 "자신의 본모습대로 행동하라"고 말한다. 이 충고는 "이유 없이 바닥에 벌러덩 드러누워라"라는 말로 바뀌어야 한다. 공공장소에서 드러누울 용기가 있다면 본모습대로 행동하고 있는 셈이다. 남이 들이대는 잣대에 아랑곳없이 관습을 무시할 용기가 있다는 사실을 세상에 보여주는 것이기 때문이다.

30초 동안 쇼핑몰에 누워 있을 수 있다면, 아니라고 말해야 할 순간에 "아니"라고 말할 수 있는 자신감이 생겨날 것이다. 세상의 인정과 스스로를 분리하기 위해 반항을 연습하라. 그러면 더 큰 자유를 만끽하며 인생을 누릴 수 있는 날이 찾아올 것이다(생각만 해도 경솔하고 어처구니없는 행동을 해볼수록 반항 연습에서 얻는 효과도 더욱 커진다).

 **핵심 솔루션**

타인의 허락 없이는
아무것도 못하는 사람을 위한 4가지 행동 법칙
—

1. 화학적 자신감 끌어올리기

자신감이 필요한 상황을 만나면 2분 동안 하이파워 자세를 취한다. 팔을 양쪽으로 쭉 펴거나 손을 엉덩이에 올리는 등 공간을 넓게 차지하는 자세를 취하면 된다. 앉아 있는 경우에는 손을 깍지 껴 머리 뒤에 대고 팔꿈치는 바깥을 향하게 한다.

자신감이 필요한 일(면접, 사교 모임, 데이트, 스피치, 프레젠테이션 등)을 해야 할 때는 시작하기 전에 2분 정도 하이파워 포즈를 취하기만 해도 자신감이 화학적으로 올라간다(믿기 힘들겠지만 과학적으로 입증된 사실이다!). 이런 화학적 변화가 장기적으로 이어지기를 원한다면 보디랭귀지 전체를 더 자신 있게 하는 연습을 하라.

2. 가짜 자신감 만들기

자신감이 느껴지지 않을지라도 마치 자신이 있다는 듯 '가짜' 자신감을 내보여라. 어떤 때는 자신감을 억지로 꾸며야 한다. 그러다 보면 진짜로 자신감이 느껴질 수도 있다. 가짜 자신감은 거짓된 인간이 되는 것과는 전혀 다르다. 그보다는 익숙하지 않은 기술을 연습하는 것이라고 생각하면 된다.

상황 하나를 정해 자신 있는 척 꾸며대라. 그러면 효과를 배가할 수 있고, 아주 자연스럽게 상대에게 자신감이 전달되는 모습에 스스로도 무척 놀랄 것이다. 가령 슈퍼마켓에 매일 간다면 계산원을 대할 때마다 아주 자신 있는 척 연습을 하라. 혹시 가짜 자신감을 연습하는 동안 긴장할까 봐 걱정된다면 그럴 필요 없다. 시간이 지날수록 긴장하는 마음은 사라진다.

3. 기준점 바꾸기

가장 쉽고 빠르게 자신감을 기르는 방법은 그 정도면 자신 있게 시도해볼 수 있다고 생각하는 수준으로 행동을 변화시키는 것이다. 이렇게 낮춘 기준점을 달성하는 순간 우리의 자신감도 올라간다. 사람들이 자신감을 느끼지 못하는 이유는 다른 데 있지 않다. 한 분야에 대해 미리 기준점을 높게 정해놓고는 그 정도 수준은 맞춰야 한다고 생각하기 때문이다. 자신에게 딱 맞는 수준으로 자신감의 기준점을 낮출 때 우리는 평소의 모습을 내보이며 자연스럽게 자신감을 발산한다.

사교적인 대화를 나눌 때는 영화를 기준점으로 삼지 마라. 실세계에서 벌어지는 대화는 각본이 없고 훨씬 어색하다.

4. 반항 연습

하루 한 번씩 사회 규범이나 기대에 반항하는 행동을 하라.

누군가의 인정을 원하는 마음을 바꾸고 싶으면 그 사람이 당신에게 발휘하는 통제력에 반항할 수 있는 작지만 상징적인 방법을 생각해보라. 무작정 그 사람에게 가서 자기 주장을 펼칠 필요가 없다(당신이 인정받고 싶은 욕구가 아무리 커도 자기 주장을 강하게 펼치는 일은 자주 하지 못할 것이다). 이 경우 적절한 반항 행동은 자신의 방식대로 살아가는 연습을 하는 것이다. 어떻게 살아야 하는지에 대해 타인의 인정을 받지 않는 것에 익숙해질 때까지 그런 연습을 계속해야 한다. 큰 소리로 노래 부르기, 공공장소에서 벌러덩 드러눕기, 낯선 사람에게 말 걸기와 같은 작지만 상징적인 행동은 당신이 당신 인생을 책임지고 있음을 세상과 스스로에게 보여주는 훌륭한 수단이다.

Chapter

7

더 이상 실수가 두렵지 않다

"실수는 인간다움의 일부다. 어떤 실수든 실수에 감사하라.
인생의 귀중한 교훈은 힘든 길을 통해서만 배울 수 있다.
설령 치명적인 실수를 저지를지라도
최소한 타인에게 교훈을 줄 수는 있다."

- 앨 프랭큰

2008년 미국 대학육상선수권대회가 열리고 있을 때였다. 트랙을 세 바퀴 도는 600미터 달리기의 유력한 우승 후보는 헤더 도니든Heather Dorniden이었다. 선수들이 출발선상에 섰고, 총성이 울렸다.

    초반에는 비등비등했다. 그러다 두 번째 바퀴가 끝나갈 즈음 헤더가 선두로 나섰다. 그러나 2등 주자를 앞질러 나가다가 넘어지면서 결국 꼴찌로 밀려났다. 그녀는 일어나 다시 달리기 시작했고 해설자들이 안타깝다는 듯 말했다. 한 해설자는 "다치지 않아서 천만다행입니다"라고 말했고, 다른 해설자는 "팀 동료가 선두로 올라섰으니 만회할 가능성도 없지는 않겠군요"라고 말했다.

    헤더가 완주를 결심했다는 것 자체가 칭찬할 만한 행동이었다. 그러나 헤더는 완주했을 뿐 아니라 1등으로 들어왔다. 영상으로만 봐도 입이 벌어진다. 어떤 사람은 그 장면이 우리에게 무한한 감동을 준다고 말한다. 헤더가 비틀대며 넘어지지만 벌떡 일어나 최선을 다하고 마침내 1등으로 들어오는 장면을 보다 보면 우리 안의 무언가가 이렇게 말하는 것만 같다. "이게 바로 인간의 위대한 점이야."

그 영상을 통해 내가 얻은 교훈은 단순한 감동보다 훨씬 큰 것이었다. "저 선수는 이기지 못한 다른 선수들보다 큰 실수를 했는데, 그래도 우승했어!"

잠시만이라도 진지하게 생각해보자. 경주에서 우승한 헤더 선수는 큰 실수를 저지른 반면에 다른 선수들은 눈에 띄는 실수는 하지 않았다. 우리는 한 번의 실수가 곧바로 패배로 이어진다는 생각을 너무 자주 하지만, 대개의 경우 실수는 우리가 패배자의 마인드를 가지도록 절망에 빠뜨리는 것에 불과하다. 넘어진 헤더가 희망을 포기하고 우승하지 못했다면 우리는 그 원인을 넘어졌기 때문이라고 짐작한다. 그러나 그녀는 넘어졌음에도 경주에 우승했고, 그렇기에 이 짐작은 틀렸다. 혹여 헤더가 넘어진 후 경기를 포기하고 꼴찌를 했다면 그것은 넘어졌기 때문이 아니다. 한 번의 넘어짐이 달리려는 마음을 포기하도록 만들었기 때문에 진 것이다. 그녀는 아마도 포기하지 않고 노력했다는 사실에 기쁜 마음이었을 것이다. 그리고 그녀의 우승은 우리에게 질문을 던진다. 우리는 무언가를 하자마자 포기하는 경우가 얼마나 많은가?

물론 힘껏 달리는 중에 넘어진다고 무조건 승리라는 결과가 찾아오는 것은 아니다. 승리는 실수를 견디고 이겨낸 후에야 기대해 볼 수 있는 것이다.

실수할지도 모른다는 두려움

실수할지도 모른다는 염려가 더 많은 실수를 불러오지는 않을까? 학계 연구는 여기에 대해 가타부타 결론을 내리지는 않는다. 2장에 나온 연구는 학생들에게 글쓰기 과제를 내주고 완벽주의자와 비완벽주의자의 성적을 비교했다. 완벽주의자일수록 과제에서 낮은 점수를 받았고, 이 결과는 실수할지도 모른다는 염려가 창의성을 발휘해야 하는 일에 영향을 미치는 것으로 풀이할 수 있다. 반대로 다른 두 연구결과에 따르면, 실수할지도 모른다는 염려가 학생들의 학업 과정에 더 많은 실수를 야기하지는 않은 것으로 드러났다.[35] 하지만 두 연구 중 하나는 "실수할지도 모른다는 염려는 어려운 과목을 크게 인지하고, 초조함이 높아지고, 더 부정적인 감정을 이끌 수 있다"는 사실을 발견했다.[36]

농구선수의 자유투에 대한 통계적 분석도 어느 정도 통찰을 제공한다. 일반적으로 홈팀 선수들의 경우 중요한 순간에 자유투 성적이 낮은 편이고 공격 리바운드 성적은 좋은 편이다.[37] 자유투를 맡은 홈팀 선수는 홈 관중의 열렬한 응원을 한 몸에 받지만, 경기가 박빙일 때는 팀과 팬들을 실망시키지 않기 위해서라도 실수를 피해야 한다는 압박감을 강하게 느낀다. 그러다 보니 마음속 압박감에 집중해 더 잘하려고 기를 쓰면서 정작 집중해야 할 자유투에는 (상대적으로 그냥 섬세하기만 하면 되는 운동능력에 불과한데도) 집중하지 못하고 만다.

경기 진행 속도를 순간적으로 느릿하게 만드는 자유투와 달리, 리바운드를 위해 몸싸움을 벌이는 순간은 선수에게 걱정할 시간조차도 주지 않는다. 전력 수비나 공격을 펼칠 때 선수들은 자신의 본능과 잠재의식적 반응에 전적으로 의지하는 수밖에 없다. 더욱이 공격 리바운드를 낚아채지 못해도 실수를 한 것이 아니라 기회를 놓친 것에 불과하다며 훌훌 털어 넘긴다.

이러한 연구결과는 실수할지도 모른다는 염려가 우리가 상황을 의식적으로 더 크게 인식하도록 만들고 그로 인해 실수의 횟수에도 영향을 줄 수 있다는 사실을 보여준다. 그렇긴 해도 의식적인 상황 인식이 가장 심각한 문제는 아니다.

실수할지도 모른다는 염려의 가장 큰 문제점은 초조함과 행동에 대한 두려움이 높아진다는 데 있다. 앞의 연구에서 실험 참가자들은 어쨌든 행동은 시작했다. 선수들은 자유투를 던졌고, 학생들은 시험을 치렀다. 그러나 실수할지도 모른다는 염려가 심각하게 커질 때 우리는 아예 시도할 생각조차 하지 않게 된다.

이런 연구와 통계 자료를 통해서는 실수에 대한 염려가 행동 직후에 미친 영향만을 알 수 있을 뿐이다. 행동 직전에 동기부여 측면에서 얼마나 영향을 주는지는 파악할 수 없다. 흥미로운 연구이기는 하지만, 실수할지도 모른다는 두려움이 행동 자체를 하지 않게 만든다는 점에서 우리 대다수와는 무관한 연구다. 완벽주의 연구자인 휴잇과 고든도 문제의 본질을 간명하게 표현한다. "완벽주의자는 잘할 수 있다는 확신이 들지 않는 행동은 하지도 않는다."[38]

해결방법을 논하기 전에 먼저 사람들이 어째서 실수할지도 모른다고 염려하게 되는지 그 이유부터 확인해야 한다. 가장 핵심적인 이유 중 하나는 '가면 증후군Imposter Syndrome'이다.

현대인을 괴롭히는 가면 증후군

실수에 대한 염려가 굉장히 큰 사람은 완벽주의의 형제자매 격인 가면 증후군을 가지고 있을 공산이 크다. 심리학에서 가면 증후군이란 외적으로는 큰 성공을 거두었지만 내적으로는 "지금의 성공이 거짓이고 사기라는 감정을 은연중에 강하게 느끼는 것"을 말한다.[39] 외적으로는 크게 성공한 듯 보이지만 내적으로는 본인을 가면을 쓴 사기꾼이라고 생각하는 상황이 벌어지는 것이다.

한 연구에 따르면 가면 증후군을 겪는 사람은 남들보다 실수에 예민하게 반응했고 실수와 관련한 두려움도 훨씬 큰 편이었다. 한 예로 자신이 어떤 업무를 맡을 자격이 없거나 지금의 명성을 얻을 자격이 없다고 느낀다면 그것이 가면 증후군이다. 크게 성공을 거둔 사람들 중에는 큰 성공이 부담스러워 가면 증후군을 겪는 사람이 더러 있다.

위대한 과학자 알베르트 아인슈타인도 자신의 이름 앞에 늘 '위대한 과학자'라는 수식어가 붙어서인지 가면 증후군의 증상을 보였다. 그는 죽기 몇 달 전 벨기에의 엘리자베스 여왕에게 이렇게 말했다고 한다. "내가 평생 해온 일이 그토록 부풀려진 존경을 받는 것에 마음이 아주 불편합니다. 나도 모르는 사이에 나 자신이 사기꾼이 된 것 같은 느낌입니다."[40]

아인슈타인의 '완벽한 이미지'는 그가 만든 것이 아니라 사회가 만든 것이었고, 대중의 눈으로 스스로를 바라봐야 한다는 사실에 그의 마음은 편치 않았다. 문제는 대개 거기서 시작된다. 아이슈

타인은 자신도 실수를 하고 문제가 많다는 사실을 잘 알았다. 그의 심오한 정신과 연구결과는 거의 숭배에 가까운 존경을 받았다. 비현실적인 이미지가 부여되는 순간 본인 스스로를 가면을 쓴 사기꾼이라고 느끼면서 단 한 번의 실수로 세상에 진실이 까발려질지도 모른다는 두려움에 젖는다.

노골적으로든 은연중으로든 사회가 우리에게 붙여준 이름표와 직함이 스스로를 생각하는 방식에 어떤 영향을 미치는지 한 번 생각해보자. 직장에 다니지 않던 학부생 시절의 내가 내 자신에 대해 가진 생각은 가면 증후군과는 정반대였다. 나 정도 자격과 능력을 가진 사람이 무직 신세이고 합격 전화를 받지 못하는 것은 말도 안 된다고 생각했다. 그런데 첫 책이 성공을 거두고 긍정적인 피드백을 많이 받으면서 나는 내 자신이 가면을 쓴 사기꾼처럼 느껴지기 시작했다.

아인슈타인의 정신이 그토록 많은 존경을 받는 이유는 무엇인가? 그의 업적이 그토록 특별한 이유는 무엇인가? 그의 업적이 아직도 최고의 존경을 받는 이유는 그가 우리 모두처럼 완벽하지 않은 사람이기 때문이다. 아인슈타인뿐만 아니라 모든 사람이 완벽한 사람이고 세상이 어떻게 작동하는지 수월하게 이해한다면 우리가 그의 업적을 찬미할 이유가 전혀 없을 것이다. 우리 모두가 다 완벽해야 한다고 생각할 때 우리는 모든 것을 다 진부하게 여긴다.

가면 증후군에 사로잡힌 사람들의 특이한 점은 자신이 완벽하지 않다고 대놓고 말하고 다닌다는 것이다. 그들은 구체적인 성과에 집중할 뿐, 남들에게 자신이 완벽한 존재로 보이고자 하는 데 관심을 갖지 않는 태도를 보인다. 오히려 대중적으로 부풀려진 이미지를 낮추려고까지 한다.

"톰슨(2000)의 연구결과에 따르면 가면 증후군을 가진 사람은 그렇지 않은 사람보다 부정적인 평가에 대해 두려움이 높은 편이다. 자신이 인식하는 타인의 기준에 부응하는 것이 그의 성과 뒤에 숨은 동기다."[41]

가면 증후군에 사로잡힌 사람은 특정 분야에서 타인이 어떤 기준을 적용할지 어림짐작하고는(보통은 더 높게 짐작하는 편이다) 상대적으로 부당한 기준이라고 생각한다. 아래의 설명은 가면 증후군이 행동의 시작을 방해하는 행위와 어떤 관련이 있는지 말해준다.

"한편 가면 증후군에 빠진 사람들은 자신의 완벽하지 못함을 감추려 노력하는 모습도 보였다. 그들은 자신의 개인적 한계가 타인에게 드러날 가능성이 높다고 판단되면 움직이지 않으려 했다. 가면 증후군에 걸린 사람의 이런 특징은 완벽주의자에게서 발견되는, 남의 눈을 지나치게 의식하고 완벽해 보이기 위해 자신의 실수를 감추려는 욕구가 아주 강하다는 특징과 비슷했다(프로스트 외, 1995)."[42]

세상에 성공한 사람으로 비치고 싶다면 기억해야 할 점이 있다. 인간의 업적을 뛰어나게 여기는 이유는 단 하나, 결함이 없는 사람이 없기 때문이다. 그렇지 않으면 어떤 성공도 다 평범하게 보일 수밖에 없다. 그런 시각에서 인생을 바라보는 순간, 완벽한 이미지에 부응해야 한다는 압박감이 사라진다. 모든 사람이 당신에게 완벽함을 기대한다는 생각이 든다면, 당신이 무엇을 하건 웬만한 사람들은 눈 하나도 깜짝하지 않는다는 사실에서 위안을 얻기 바란다.

"있는 그대로의 자신이 되고 느낀 그대로를 말하라. 당신의 말에 신경 쓰는 사람들은 당신에게 중요하지 않고, 당신에게 중요한 사람들은 당신의 말에 신경 쓰지 않기 때문이다." – 닥터 수스(미국의 작가 겸 만화가)

차이점은 초점을 어디에 맞추느냐에 있다. 방점이 어디인지에 따라 보는 눈도 달라진다.

- 비완벽주의자는 완벽하지 않은 존재로서 자신을 바라보고 인정하기 때문에 그 어떤 성취도 위대하다고 생각한다.
- 완벽주의자는 완벽하고 이상적인 이미지를 만들기 위해 노력하기 때문에 그 어떤 성공도 하찮은 것으로 여긴다.

가면 증후군에 사로잡힌 사람은 자신의 성취를 완벽하고 이상적인 이미지에 비교하는 습관이 굳어 있고, 그래서 부정적인 편견을 가지고 모든 성과를 재단한다. 이를 위한 해결책은 진정한 자신에게, 결함이 있는 인간인 자신에게 초점을 맞추는 것이다. '이미지' 따위는 잊어야 한다. 진정한 자신이 베이스라인이고 실수는 떼려야 뗄 수 없는 자신의 일부다. 실수는 경악스러운 것이 아니라 정상적이고 당연한 것이다.

자신의 결함을 무시하거나 진정한 자신이 아닌 다른 데 초점을 맞추지 말아야 하는 것이 해결의 본질이다. 자신의 결함을 친구로 포용할 때만이 우리는 비로소 우리의 자신감과 시야를 옥죄는 결함을 정복할 수 있다.

가면 증후군, 성공한 사람만 해당될까?

성공과 가면 증후군 사이에 관계가 크기는 하지만, 성공해야만 가면 증후군을 가지게 되는 것은 아니다.

"하비(1981)는 성공을 내면화하지 못하는 사람은 그 누구든 자신을 가면 쓴 사기꾼으로 볼 소지가 있다고 주장했다. 그리고 이런 경험은 크게 성공한 사람들에게만 국한되지 않는다."[43]

단지 사랑을 받는다는 이유만으로 자신을 가면 쓴 사기꾼이라고 생각하는 사람들이 있다. 그들은 자신이 사랑 받을 자격이 없으며 혹시라도 실수를 해 그 실수가 드러나면 사랑을 잃을지도 모른다고 믿는다. 그런 사람들은 완벽한 배우자, 친구, 혹은 아버지를 둔 덕분에 사랑을 받고 있을 뿐이며 그 사랑이 지속될 리 없다고 생각한다.

진정한 자신에게 의식적으로 초점을 맞추는 방법 외에도, 가면 증후군을 무찌르는 또 한 가지 최고의 방법은 자신이 거둔 성취를 종이에 적어 내면화하는 것이다. 자신이 결함을 가진 인간이라는 사실을 상기하며 종이에 적어라. 그러면 자신을 인정하는 마음이 사라지기는커녕 더욱 커질 것이다.

가면 증후군을 물리치기 위한 행동

자신이 했던 일 중 가장 훌륭한 성취를 종이에 적는다. 디지털 장비를 이용하든 종이 노트를 이용하든 상관없다. 자신이 가면 쓴 사기꾼이라는 느낌이 들 때마다 현재 진행형으로 이어지는 성취 목록을 읽어라. 이 목록은 작성하는 데 몇 분밖에 걸리지 않지만 효과는 평생 이어진다는 점에서 투자 가치가 충분하다. 가면 증후군이 없는 사람에게도 성취 목록은 도움이 많이 된다. 무언가 새로운 고지에 다다랐을 때는 어김없이 목록에 그 내용을 추가하라. 또한 성취를 이룬 날을 기록한다면 지나온 인생 궤도를 돌아보는 데에도 도움이 되기 때문에 진척 보고서 역할도 톡톡히 해낸다.

실수할지도 모른다는 염려가 완벽주의를 측정하는 하위 척도라면, 가면 증후군은 그런 염려를 측정하게 해주는 하위 척도다. 실수할지도 모른다는 염려가 생기는 원인이 무엇인지 자세히 관찰하면, 그냥 실수라는 그 결과 자체가 두려운 것일 수 있다. 다른 원인을 차치하더라도 실수를 하면 즐거울 리가 없다. 그 이유 하나 때문에 실수를 피하고픈 마음이 생긴다면 그것도 나름 납득이 가지만, 그렇다고 아무 행동도 하지 않으면 수동적이고 따분하고 보람도 없는 인생을 살게 된다.

다시 아인슈타인을 생각해보자. 그가 이룬 놀라운 성과를 보건대 그는 실수할지도 모른다는 염려 때문에 미적거리지 않았던 것이 분명하다. 말년에 어느 정도 가면 증후군을 보인 것은 사실이지만 왕성히 연구를 하던 시절에는 그 증후군에 시달렸다고는 생각하기 힘들다. 혹여 그랬을지라도 연구 활동에 지장을 줄 정도는 아니었다. 실수에 대한 두려움이 거의 또는 전혀 없는 것은 '행동가들'의 특징이고 아인슈타인이 여기에 해당한다. "한 번도 실수를 하지 않은 사람은 한 번도 새로운 것을 시도해보지 않은 사람이다"라는 그의 말은 그가 실수를 어떻게 생각하는지 나름의 확고한 입장을 보여준다.

우리의 행동은 두려움과 욕구로 이루어진 함수다. 욕구보다 두려움이 강한 사람은 삶을 개선하기 위한 행동은 잘 하지 못한다. 그에 반해 아인슈타인은 실수에 대한 두려움보다는 호기심과 탐구욕이 훨씬 강했다. 이것은 안개가 짙게 깔린 숲을 보는 것과 비슷하다. 숲에 어떤 위험이 도사리고 있을지 모르지만, 그 매혹적인 신비로움에 여전히 많은 사람이 이끌려 들어간다. 그럴지라도 모든 사람이 아인슈타인처럼 왕성한 호기심과 새로운 지평선을 열기 위한 강한 욕구를 가진 것은 아니다.

그렇다면 아인슈타인이 아닌 우리같이 평범한 사람들은 어떻게 해야 실수에 대한 두려움을 극복하고, 초조함을 줄이고, 자신 있게 행동할 수 있을까?

중요한 질문은 이것이다. 우리는 두려움을 줄이기 위해 노력해야 하는가, 욕구를 늘리기 위해 노력해야 하는가, 아니면 둘 다 해야 하는가? 두려움과 욕구의 함수를 어떻게 사용하는 것이 우리에게 유리한가? 다른 책이라면 여기서 동기부여를 강조해 욕구를 늘리는 쪽을 택할지도 모른다. 아니면 두려움을 직시하고 꿈에 다가가라는 조언을 늘어놓을 수도 있다! 그러나 두 전략 모두 실용성은 빵점이다. '두려움 직시'는 깊이 뿌리박힌 관점을 표면만 치료한다는 점에서 소용이 없고, 동기부여는 언제 사라질지 모른다는 점에서 소용이 없다.

마음속에 행동을 방해하는 무언가와 행동을 촉진시켜주는 무언가가 공존한다면, 후자를 키우는 것이 가장 합리적인 방법이 아닐까? 당연히 아니다! 이 경우 가장 논리적인 방법은 방해물을 없애는 것이다. 저 아래 깊숙이 뿌리내린 두려움에 맞서지 못한다면, 아무리 성공을 위한 동기부여를 강하게 해도 그 두려움은 언제고 되살아나 우리의 앞길을 막아선다.

두려움을 대수롭지 않게 치부해서는 안 된다. 용감한 전사가 적의 용장을 존중하듯, 우리도 존중의 눈으로 두려움을 바라봐야 한다. 욕구를 늘려주는 길이 아닌 두려움을 줄여주는 길을 걸어야 한다. 이 3차원 전술은 우리로 하여금 두려움의 본질에 직행해 두려워하지 않는 방법을 자연스럽게 훈련시켜준다.

그 시작으로 내가 제안하는 것은 디지털 사고법이다. 디지털 사고는 굉장히 효과적이고 적용이 쉽다는 점 외에도 재미있게 실천할 수 있다는 장점도 있다. 나는 디지털 사고를 이 책의 '황금 해결책'으로 자신 있게 꼽을 수 있다.

완벽한 성공이 가능한 디지털 사고법

실수에 대한 두려움을 줄이기 위해서는 관점의 변화에서 시작해야 한다. 그러나 "실수를 두려워하지 않겠다고 결심하라"라는 조언을 늘어놓을 생각은 없다. 그런 조언은 도움이 되지도 않는데다, 정말로 쉬운 방법이라면 이미 모든 사람들이 다 사용하고 있을 것이다. 디지털 사고는 간단한 것은 물론이고 실행하기도 쉽다. 뛰어난 결과를 얻기 위해 반드시 지나치게 복잡한 해결책이 필요하지는 않다.

내가 작은 습관을 실천하면서 떠올리게 된 이 개념은 이후 내 개인에게 굉장히 긍정적인 영향을 끼쳤다. 디지털 사고에 대한 기대치가 잔뜩 올라갔을 것이다. 이제 그것이 무엇인지 자세히 살펴보자.

이진법은 0과 1이라는 두 숫자로만 구성되는 컴퓨터 언어. 오늘날을 지배하는 디지털 기술은 바로 이 이진법을 바탕으로 삼는다.

TV는 디지털 신호나 아날로그 신호를 수신하고, 신형 TV와 오늘날의 방송은 모두 디지털 신호를 송수신한다. 디지털 TV는 이진법으로 이뤄진 데이터를 수신해 이미지로 전환한다. 디지털 신호가 약할지라도 데이터가 수신되기만 하면 화질에는 문제가 없다. 하지만 아날로그의 경우는 신호가 약하면 화질도 나빠진다.

이진수로 이뤄진 디지털 정보는 유한하고 제한된 정보인 반면에, 아날로그가 전할 수 있는 정보의 스펙트럼은 사실상 무한하다. 이것이 우리의 행동과 무슨 관련이 있을까?

사람들은 완벽한 아이디어를 좋아한다. 바로 그것이 행동을 방해하는 완벽주의를 가진 사람들의 문제점이다. 완벽함이란 누구나 바라마지 않는 것이고, 그렇기에 완벽주의자들도 디지털 사고를 마음에 들어하지 않을 수 없다. 디지털 사고를 발휘하면 우리는 완벽에 대한 갈망을 역이용해 완벽주의의 하위 척도(실수할지도 모른다는 염려)를 깨부술 수 있다. 디지털 TV와 아날로그 TV가 수신하는 신호를 우리가 해야 할 일에 대입해 비유적으로 생각하면 답이 나온다. 아날로그 과제는 완벽한 마무리가 불가능하다. 반면에 디지털 과제와 개념은 완벽하게 끝내는 것이 가능하다. 아날로그 과제를 완벽하게 수행하려면 신호도 완벽해야 하지만, 디지털 과제는 신호가 약해도 완벽하게 수행할 수 있다. 다음과 같은 예를 보면 이해가 더 쉬울 것이다.

전형적인 디지털 과제: 방에 불을 켜기 위해 스위치를 올리는 것이 우리가 해야 할 일이라고 상상하자. 스위치만 올리면 과제는 완벽하게 완성된다. 무언가 발에 걸리고 무릎이 부딪치고 바닥에 넘어지더라도 스위치를 올리기만 한다면 불을 켠다는 목표는 성공적으로 끝난다. 중간은 없다. 어차피 스위치는 온 아니면 오프다. 실제 이진법 형태에서도 윗자리가 1이고 아랫자리가 0이다. 불을 켠다는 과제에서는 과제를 끝내기만 하면 스위치가 온이 된다는 것에 초점을 맞춰야 한다. 그동안의 과정이 어땠건 상관없다.

전형적인 아날로그 과제: 해야 할 일이 스피치라면 어떤 흠도 없이 완벽하게 하거나 완전히 망친다기보다는 양극단의 어디쯤에 해당하는 스피치를 할 것이다. 말이 헛나갈 수 있고, 맞지 않는 몸짓을 취할 수 있고, 말을 멈추는 실수를 할 수도 있다. 진중한 부분을 말하는데 더듬댈 수 있고, 아니면 듣기에도 괴로운 진부한 말을 아무렇지 않다는 듯 할 수도 있다. 스피치가 꽤 훌륭할 수도 있고 전반적으로 좋지 않을 수도 있지만, 어떻게 되건 혼합된 아날로그 결과가 나온다. 여기서 초점을 맞춰야 할 부분은 위의 스위치 올리기 예와는 정반대다. 단순히 스피치를 하는지 마는지가 아니라 스피치를 얼마나 잘하는지에 중점을 두어야 한다.

위의 사례는 두 종류의 과제를 '정형화'해서 든 예다. 그러나 우리는 두 사례를 반대로 뒤집었을 때 나올 결과도 관찰해야 한다. 그 뒤집기를 통해 과제가 선택이라는 우리의 인지 방식이 드러나기 때문이다. 물론 재미도 있지만 말이다.

전형적인 디지털 과제의 아날로그화: 이번에도 해야 할 일은 스위치를 올리는 것이지만, 정해진 방식을 따라야만 성공으로 인정받을 수 있다. 손가락은 스위치와 완벽히 평행을 이루어야 하고, 스위치도 딱 정해진 순간에만 올려야 하며, 공중으로 펄쩍 뛰어오르면서 다리 찢기를 해야 하고, 7 옥타브에 해당하는 음역으로 "파스타" 하고 외쳐야 한다(혹시 가능한 분은 내게 동영상을 보내주기를 간절히 부탁한다). 이제 전형적인 디지털 과제가 아날로그 과제로 바뀌었다. 크건 작건 실행과정 중에 하나라도 실수를 하면 스위치를 올려도 성공이 아니다. 그리고 하나 더 명심해야 한다. 이 말도 안 되는 조건을 다 지키려고 하다가는 정작 스위치 올리기는 성공하지 못할 것이다!

전형적인 아날로그 과제의 디지털화: 5,000명의 대중 앞에서 스피치를 해야 한다고 상상하자. 이곳에 모인 청중 대부분은 아날로그 관점에서 생각하고 있을 것이다. 스피치가 훌륭하거나 형편없거나 그 중간쯤이거나 할 것이기 때문이다. 그런데 강연자인 본인은 무대에 올라가 자기 할 말을 하기만 해도 충분히 성공했다고 결심한다면 어떻게 될까? 그러면 과정이고 뭐고 필요 없다. 무대에 올라가 말을 시작하면 그걸로 성공이다. 실패할 수 있는 유일한 방법은 단 한 마디도 꺼내지 않는 것이다. 스피치를 하는 내내 실수를 연발할지라도 스피치를 했으므로 0이 아니라 1이다. 완벽한 성공이다!

여러분이 보기에는 어느 쪽 시각이 완벽주의자의 시각일 것 같은가? 완벽주의자는 아날로그 캠프에 진을 치고 산다. 그들은 디테일까지 완벽하기를 원하기 때문이다. 반대로 디지털적 과제는 완벽한 성공이 가능하다. 그것이 디지털 사고의 놀라운 점이다. 실수를 염려하지 않아도 되는 일에서 비완벽주의자가 되려면 그 일을 디지털적인 것으로 바꾸면 된다. 그러는 순간 '완벽한' 성취가 가능해진다.

흔히들 완벽주의자를 격려하기 위해 불완전함도 변화의 한 가지 수단으로 받아들이라고 충고한다. 그러나 완벽주의자가 행동할 수 있게끔 만드는 가장 좋은 방법은 완벽의 의미를 재정의하는 것이다. 여기에 디지털 사고가 더해지면 완벽한 성취가 논리적으로도 가능해진다. 5,000명의 청중 앞에서 스피치를 하기만 해도 완벽한 성공이라고 간주하는 것은 전혀 비이성적인 결정이 아니다. 스피치를 잘했건 못했건 스피치를 했다는 자체를 완벽한 성공이라고 보는 것에는 아무 문제도 없다.

'완벽함'이라는 말은 두루뭉술한 표현이다. 스스로를 완벽주의자라고 말하는 사람들은 콕 집어서가 아니라 여러 분야에서 완벽함을 목표로 삼는 경향이 있다는 뜻에서 그렇게 말한다. 그러나 특정 분야를 집어서 말할지라도, 이를테면 '완벽주의 작가'라고 말할지라도 여전히 애매모호하다. 이 작가는 완벽한 문법을 목표로 삼는가? 완벽한 문장 구조를 목표로 삼는가? 완벽한 스토리텔링이 목표인가? 아니면 모든 것에서의 완벽함인가? 무엇이 '모든 것'을 구성하는지 정확히 정의할 수 없는 한 모든 것에서의 완벽함은 허무맹랑한 목표다. 이렇게 두루뭉술하게 '완벽한' 목표는 완벽주의자가 흔하게 보이는 모순이자 헛발질이다. 디지털 사고는 완벽함을 겨냥하는 목표를 구체적이고 실현 가능한 목표로 바꿔주고, 그렇기 때문에 아주 만족스러운 결과를 가져다준다. 전적으로 실행 가능한 목표를 완벽하게 달성하는 데서 오는 만족감이다.

내 인생의 터닝포인트가 되었던 순간

지금부터 소개할 예는 6장에서 사용했던 전략(기준점 조정하기)을 조금 다른 각도에서 적용하는 것이다. 그때 나는 여자들에게 다가가 "안녕하세요"라고 말을 거는 것을 새로운 기준점으로 삼았다. 따지고 보면 나는 여자들의 인정을 받고 싶은 마음이 강했고 그래서 그들에게 실수할까 두려워했던 것이다.

그림에서 보듯 인정받고 싶은 욕구와 실수할지도 모른다는 염려는 관련이 깊다. 자신감을 높이면 두 문제를 모두 해결하는 데 도움이 된다. 자신감이 생기면 인정받고 싶은 욕구가 줄어들고 실행 능력에도 더 확신하는 마음이 든다. 혹여 실수를 해도 자신감이 있으

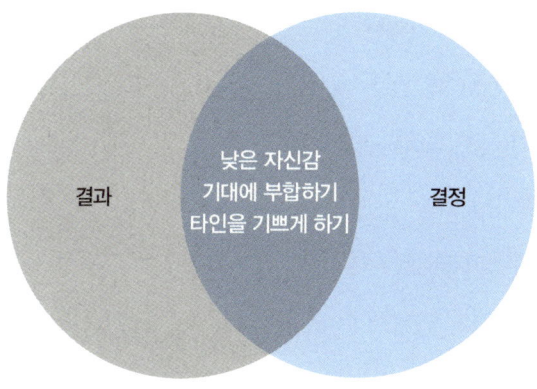

면 크게 개의치 않는다. 실제로 자신감의 기준점을 조정하는 것과 디지털적 상황을 만드는 것에는 미묘한 차이만이 존재한다. 가장 중요한 차이점은 초점이다. 기준점 조정은 자신감을 향상시키기 위한 방법이고, 디지털 사고는 두려움을 줄이기 위한 방법이다.

내 문제는 두 영역이 겹치는 부분에 존재했고, 나는 디지털 사고를 통해 큰 도움을 받았다.

예전의 나는 여자 앞에만 서면 실수할지도 모른다는 두려움 때문에 말도 제대로 붙이지 못하는 완벽주의자였다. 나는 말실수를 할까 봐, 내 뜻과는 다른 말이 나갈까 봐, 기분을 상하게 할까 봐, 이상한 사람처럼 보일까 봐 두려웠다. 디지털 사고로 바뀌면서 내 그런 태도에도 전환점이 찾아왔다. 내게 터닝포인트가 되었던 순간이 지금도 정확히 기억난다.

어느 날 마트에 갔을 때였다. 숨이 멎을 정도로 근사한 여자가 내 눈에 들어왔다. 평소라면 그렇게 멋진 여자에게는 말을 걸어볼 엄두도 내지 못했을 것이다. 너무 무모한 짓인데다 잘 안 될 것이 뻔하다는 생각이 들었다. 하지만 나는 그전부터 디지털 사고를 고민해오던 참이었고 어쨌든 한 번쯤은 테스트가 필요하다고 생각했다. 나는 내가 달성할 수 있는 디지털적 목표를 설정했다.

- "안녕하세요"라고 말을 건넨다 = 1
- 말을 건네지 못한다 = 0

간단히 정리하자 눈앞이 훤해졌다. 해보지도 못할 정도로 어려운 행동이 아니고(나는 딱 한 단어만 꺼내면 된다) 청산유수로 대화를 술술 이어가야 한다는 부담감이 난생처음 씻은 듯 사라졌다. 좋은 결과가 나올 수도 있고, 안 되더라도 그냥 얼른 마트를 나서기만 하면 된다. 그래서 나는 그녀에게 다가가 눈을 맞추고 "안녕하세요"라는 말 한 마디만 간신히 꺼냈다. 더 이상은 할 말이 없었기 때문에 나는 계속 걸었다. 이상한 사람으로 보겠지? 당연하지! 그녀가 황당해할까? 물론이지! 내가 성공한 것일까? 성공한 게 맞았다.

기교적으로 완벽하지 않았지만 그런 건 중요하지 않았다. 내가 이겼다. 디지털 신호가 약해도 완벽한 화질이 나오는 것처럼 내가 약하게 말한 "안녕하세요"도 완벽한 성공이었다.

이 작은 승리에 나는 내심 미소를 지었지만 겉으로는 식료품을 고르는 데 집중하는 척했다. 정말 흥미롭게도 곧바로 그녀가 나에게서 몇 발 떨어지지 않은 곳까지 다가왔다. 내가 건넨 한 마디 인사말이 그녀의 흥미를 돋운 것 같았다. 나는 그녀에게 무엇을 사러 왔는지 물었고 우리는 짧지만 유쾌하게 대화를 나누었다. 나는 그녀에게 전화번호를 묻지 않았고, 속으로는 덜덜 떨었을지라도 대화를 나눈 것 자체가 보너스였다. 지금 나는 훨씬 편안하게 여자들에게 말을 걸고 전화번호를 물어본다. 다 디지털 사고를 발휘한 덕분이다.

디지털 과제가 무엇이고 그것이 무슨 자유를 선사하는지 더 명확히 이해하기 위해 우리가 흔히 아날로그로 판단하는 행동의 예를 몇 가지 들어보자. 이런 아날로그 과제를 디지털 과제로 바꾼다면 커다란 보상을 거둘 수 있다.

스피치: 아무리 좋게 판단해도 최악의 스피치를 했는데도 그것을 여전히 성공이라고 간주할 수 있을까? 디지털 관점에서는 충분히 가능한 일이다! 그러지 못할 이유가 없다. 스피치를 자연스럽게 잘할 수 있는 사람은 얼마 되지 않는다. 능숙해지려

면 연습이 필요하다.

나는 말재주보다는 글재주가 나은 편이라고 오랫동안 내 입으로 말하고 다녔고 실제로도 그렇다. 그러나 나는 팟캐스트 인터뷰 요청을 웬만하면 거절하지 않는다. 하겠다고 말하고 인터뷰를 마치고 나면 그것만으로도 성공으로 생각한다. 10여 차례 정도 인터뷰를 하다 보니 내 말솜씨는 처음의 형편없을 때보다는 300배 정도 나아졌다. 물론 고쳐야 할 부분이 여전히 많지만 말이다.

처음부터 인터뷰 내내 매끄럽게 잘해야 한다며 아날로그 방식으로 생각했다면 나는 첫 인터뷰를 수락조차 하지 못했을 것이다. 혹시나 아날로그 사고를 가지고 첫 인터뷰를 수락했을지라도 내 실수를 두고두고 곱씹으면서 다음 인터뷰는 (더 망칠 것이 분명하다는 두려움에 젖어) 절대로 받아들이지 않았을 것이다.

시험 치르기: 시험 보는 것을 디지털 과제로 바꾸는 방법은 여러 가지가 있다. 대부분은 시험 준비와 관련이 있는데, 일단 시작은 정한 시간만큼 공부했거나 혹은 각 페이지를 일정 시간씩 공부하기만 해도 성공으로 간주하는 것이다. 그 편이 공부할 내용이 많이 남았다며 한탄만 하는 것보다는 낫다. 시험을 볼 때는 "최선을 다하고 어쨌든 모든 문제에 맞건 틀리건 답을 적는다"라는 태도도 성공적인 접근법이다. 문제마다 최선을 다했다

면 어쨌든 성공적으로 시험을 치른 셈이다. 시험을 망친다면? 걱정한다고 결과가 바뀌지 않는다. 그러니 걱정은 접어두자!

친근하게 대화 나누기: 사람들과 스스럼없이 친근하게 대화를 나누는 것은 우리 대부분이 굉장히 큰 모험을 걸고 하는 일 중 하나다. 사람들과 좋은 관계를 쌓지 못하면 고독감을 느끼고 세상 천지에 발붙일 데가 없다는 생각이 들기 때문이다. 그러나 세상에는 각양각색의 사람이 존재한다. 따라서 계속 노력하고 계속 둘러보면 마음이 맞아 대화를 나눌 만한 사람은 얼마든지 찾을 수 있다.

숫기 없는 사람을 위해 한 가지 규칙을 제시하겠다. 사람들과 친근하게 대화를 나누고 싶은데 겁이 난다면, 일단 상대의 얼굴을 똑바로 쳐다보면서 아무 말이나 꺼내는 것을 최종 목표로 삼아라. 스스로가 말도 잘 못 꺼내는 얼간이처럼 느껴질 수 있지만 그래도 연습이라는 중요한 일을 해냈다. 대화에 능숙하지 못한 사람들은 연습이 아니라 '완벽한 대화방법'을 배우는 데 평생을 허비한다. '얼굴을 쳐다보며 아무 말이나 걸기'는 간단하고 효과적인 연습이다. 연습을 많이 할수록 어떤 식으로 생각을 표현하고 전달해야 하는지 피드백도 더 많이 배울 수 있고 그러다 보면 점점 편안하고 능숙하게 대화를 나눌 수 있게 된다.

앞에서도 말했듯이 나는 여자들 앞에만 있으면 괜스레 어색하고 불편했다. 지금 디지털 사고가 내 사고 과정에 불러온 차이는 어마어마하다.

완벽주의자 시절의 나: 저 여자에게 뭐라고 말을 걸어야 할까? 그녀도 자기가 예쁘다는 건 잘 알아. 그러니 아름답다고 칭찬해 봤자 다른 남자들과 다를 게 하나도 없어 보이겠지. 하지만 내가 친절한 사람이고 그녀에게 끌린다는 사실을 보여주고 싶어. 그런데 그런 말을 하면 왠지 구차해 보일 것 같아. 장난스럽게 말을 건네는 게 나을까? 그런데 무슨 말로 시작해야 하지? 수작을 거는 것처럼 보이는 말은 하고 싶지 않은데…. 그래도 그런 말들이 재미있기는 하고 그녀도 싫어하지는 않을 것 같아. 내가 그런 식으로 말을 걸면 진짜 어색할 텐데. 윽. 그녀는 5분 전에 나갔다네.

비완벽주의자인 나: 말을 걸기만 해도 성공이야. "안녕하세요"라고 말해야지.

자유로워진 것이다. 여자 쪽으로 걸어가고, 가다가 발을 헛디디고, 재채기를 세 번이나 하고, 더듬대며 첫 인사를 간신히 내뱉는 등 이런저런 실수를 연발해도 말을 걸 수 있다면 우리는 그것을 성공이라고 부를 수 있다.

이 방법의 또 다른 장점은 바로 초점이 명확하다는 점이다. 우리가 마음에 드는 이성을 만날 때 허둥대며 초조하게 구는 이유는 온갖 변수라든가 잘못될 여지까지 상상하기 때문이다. 바로 아날로그적 사고를 하기 때문이다. 그녀에게 뭐라고 말해야 하지? 내 말에 그녀가 어이없다는 표정을 지으면 어떻게 하지? 이미 남자친구가 있는 사람한테 내가 시간 낭비를 하는 것은 아닐까? 이런 자잘한 세부사항까지 다 알기는 불가능하다. 그런 이유에서 실제 행동에 옮기는 순간에는 사소한 세부사항들은 문제 삼지 말아야 한다. 쓸데없이 떠오르는 온갖 가정을 중단하고 실시간으로 순간순간에 맞는 행동을 하기 위해서라도 디지털 사고를 활용하라.

실수에서 배우고 앞으로 나아가라

무슨 소리인가 싶겠지만, 과제를 디지털적으로 정의하는 가장 좋은 예 중 하나는 빨래다. 나는 정말이지 빨래와는 친해지지가 않는다. 건조기에서 세탁물을 꺼낼 때는 바닥에 옷을 떨어뜨리기 일쑤다. 최근에는 빨래를 다 끝마치고 세탁물을 담으려고 옆에 있는 바구니를 집었는데, 바구니 바닥에 시커먼 양말 하나가 놓여 있었다. 저걸 빼먹는 실수를 하다니!

　사람들이 양말 한 짝을 빠뜨리는 실수를 저지른 후에도 감정적으로 무너지지 않는 이유는 무엇일까? 실수라고 다 똑같은 실수가 아니기 때문이다. 그렇다면 왜 똑같은 실수가 아닐까?

　실수를 한다는 개념 자체가 우리의 마음을 괴롭히지는 못한다. 양말 한 짝을 빠뜨리고, 스위치를 잘못 누르는 실수를 해도 아무렇지 않을 수 있다. 우리가 두려워하는 부분은 어떤 실수가 우리가 누구인지 정의할지도 모른다는 생각이다. 당연히 방향을 잘못 잡은 두려움이다. 헤더 도니든이 넘어지고도 1등으로 들어오면서 보여주었듯 우리가 어떤 사람인지를 정의하고 우리 개개인의 미래를 만드는 것은, 실수가 아니라 실수에 보이는 각자의 반응이다.

　모든 실수를 똑같게 느끼지는 않을지라도 실수했을 때 보이는 반응은 똑같아야 한다. 즉, 실수에서 배우고 앞으로 나아가야 한다. 언젠가는 나도 양말을 빼먹는 일 없이 세탁을 무사히 완료하는 날이 올지도 모른다. 하지만 그런 날이 오지 않더라도 어쨌거나 나는 계속 세탁기에 빨래를 집어넣을 것이다.

　디지털로 바꾼 과제는 우리의 목표를 단순하게 만들어준다(스위치 올리기=1, 스피치하기=1, 하지 못할 경우=0). 반면에 두려움은 완벽주의자를 복잡성의 바다에 익사하게 만든다. 실수가 생길지도 모르는 온갖 상황을 다 상상하다 보면 정신적 노력이 배로 들어갈 수 있다. 그런데도 완벽주의자는 이런 사태에서 헤어나지 못한다. 실수하거나 실패할지도 모르는 온갖 상황을 다 가정하면서 압박감에 짓눌리고 두려움이 커질 대로 커지면 완벽주의자는 마음의 안심을 제공하는 더 안전한 길을 택한다. 미적거림의 근본 원인이 완벽주의인 까닭이 이제 이해가 되는가?

미적거림의 원인은 게으름이 아니다. 완벽주의 마인드에서 비롯되는 두려움과 지나치게 복잡한 목표의 결합, 그것이 미적거림의 원인이다.

디지털 사고는 비완벽주의의 정수이며, 실수할지도 모른다는 염려를 한 방에 날려주는 강력한 수단이다. 디지털 사고는 워낙에 단순하기 때문에 실수를 해도 실수라고 여기지 않는다. 디지털 사고는 TV 보기 같은 '핑계거리' 행동에 맞서 싸우면서 우리에게 무언가 할 수 있다는 느낌을 선사해준다. 그것은 핑계를 날려버리고 행동을 단순화함으로써 우리에게 전진할 용기를 불어넣어준다.

운동을 예로 들어보자. 디지털 사고에 따르면 '뿌듯하게' 운동을 해야 할 필요가 없다. 이 사고는 기운이 없어, 장비가 없어, 시간이 애매해, 장소가 좋지 않아 등등 온갖 변명거리를 날려버린다. 변명은 무언가가 불가능하다는 뜻이 아니라, 상황이 이상적이지 않다는 뜻에 불과하다. '뿌듯한' 운동이어야 한다는 마음을 없애면 우리는 변명에 내성이 생긴다. 바로 거기부터 시작이다. "이기려면 일단은 참가해야 한다"라는 감정이 우리에게 힘을 실어주며 앞으로 나아가라고 등을 쿡쿡 찔러댄다.

디지털 사고는 어떤 일이 실제로 벌어졌는지 아닌지 사실에만 초점을 맞춘다. 주관성이 깊이 개입하는 아날로그 사고는 사건의 성격과 영향, 반응, 실수, 그리고 전체적으로 그 결과가 얼마나 완벽에 가까울지에 초점을 맞춘다.

언제나 디지털 사고를 선택하고 배우고 연습하라. 그러면 지레 걱정하지 않아도 원하는 결과를 얻는 날이 올 것이다.

작은 습관과 디지털 사고 결합시키기

사람들은 대개 실수를 퇴보라고 생각한다. 그런데 디지털적으로 사고하는 법을 터득하면 '1'을 얻는 중간에 생긴 실수는 필요한 과정을 밟다 생긴 일로 받아들일 수 있게 된다. 인생을 바꿀 수 있는 개념 하나를 소개할 테니 지금 바로 머릿속에 집어넣어라. 상황을 단순화해 성공하기보다 실패하기가 더 어려운 길을 만들 때 '성공 사이클'에 진입할 수 있다는 개념이다.

주위를 둘러보자. 우리는 '우울-아무것도 하지 않음-우울-아무것도 하지 않음'이나, '죄의식-과식-죄의식-과식', '피곤함-게으름-피곤함-게으름'의 사이클에 빠진 사람들을 아주 쉽게 볼 수 있다. 이 악순환이 만연한 이유는 그 악순환이 저항이 가장 적은 디폴트 값으로 설정되어 있기 때문이다. 그것은 들어서기 쉬운 길이고 우리 인간은 쉬운 길을 좋아한다. 쉽게 성공할 수 있는 길이 내 인생을 변화시켰던 것도 다 그런 이치 덕분이었다.

인간에게는 여러 훌륭한 장점이 있지만 그럴지라도 인간은 저항이 가장 적은 길을 사랑한다. 부인할 수 없는 사실이다. 물론 가끔은 힘든 길을 선택하기도 하지만 그 길에는 엄청난 노력과 의지력이 소모된다! 내가 사는 미국 사회는 될 수 있는 한 쉽게 한다는 생각이 바탕에 깔려 있다. 세탁기라는 마법 상자에 빨래를 넣으면 깨끗하게 세탁이 된다. 식기 세척기라는 마법 상자에 다 먹고 난 그릇을 넣으면 알아서 설거지가 된다. 전자레인지라는 마법 상자도 몇 분 만에 음식을 익혀준다. TV는 우리에게 온갖 사람들의 삶을 간접 경험하게 해주는 신나는 마법 상자다. 미국인들은 삶을 더 쉽게 만들어주는 이런 마법 상자들을 사랑한다.

미국인뿐만 아니라 우리 인간은 쉬운 것을 사랑한다. 그렇기 때문에 마지못해서건 자의에 의해서건 어려운 길을 선택하면, 좋아하는 길이 아니기 때문에 오래 버티기가 힘들다. 이런 사실을 이해하면 내가 '식은 죽 먹기' 삼아 하루 한 번 팔굽혀펴기를 했을 때 내 운동에(그리고 인생에) 굉장히 큰 돌파구가 마련되었다는 것이 더는 충격적인 일이 아니다. 하루 한 번 팔굽혀펴기는 쉽다. 아주 쉬워서 빠뜨리지 않고 꾸준히 할 수 있다. 그것은 운동이 어떤 '모양새'여야 하는지에 대한 그간의 내 생각을 깨버렸다. 오래지 않아 운동에 대한 내 완벽주의는 발붙일 데가 없어졌다.

작은 목표와 디지털 사고를 결합해야 한다. 그것이 시간이 흐를수록 꾸준히 더 큰 성공을 이루는 비결이다. '하루 한 번 팔굽혀펴기 = 1 = 성공'이기 때문이다. 디지털 사고는 성공과 완벽주의에 대한 생각을 뒤집어주고, 작은 목표는 저항하는 마음이 생기는 것이 불가능할 정도로 목표를 대단히 쉽게 만들어준다.

부자는 점점 부자가 되고, 게으른 사람은 점점 게을러지고, 자신감이 있는 사람은 자신감이 더 자라나고, 건강한 사람은 더 건강해지고, 뚱뚱한 사람은 더 뚱뚱해진다. 어지간하지 않고서는 다들 현재의 상황에서 벗어나지 못하며, 출발선부터 잘못 정하면 큰 좌절감을 겪을 수밖에 없다. 우울, 초조함, 식욕, 죄의식의 부정적인 악순환에서 헤어나지 못하는 사람은 순환의 고리에 날이 갈수록 커다란 탄력이 붙는다는 사실을 모르지 않는다. 강력한 부정적 악순환은 가장 강한 사람마저도 좌절감에 무릎 꿇게 만든다. 하지만 부정적인 악순환의 덫에 빠진 사람이 성공을 향한 선순환을 만들어낼 수 있게끔 해주는 것도 바로 이런 순환의 힘이다.

오히려 실패하기가 어렵고 성공하기가 쉬운 목표를 정하라. 그러면 누구든 성공할 수 있다.

성공은 조금씩 진행되는 것이다

완벽주의자에서 비완벽주의자로 탈바꿈할 때 가장 어려운 점은 기준점을 낮추고 있다는 기분이 들지 않게 해야 한다는 것이다. 기준을 낮추는 것은 잘못된 행동이라는 느낌을 주기 때문이다. 디지털 사고가 성공을 재정의하는 한 가지 방법이라면, 행동을 늘리고 두려움을 줄이고 결과적으로 더 나은 삶을 이끌어주는 데 도움이 되는 다른 방법도 있다.

비완벽주의자도 독특한 시각에서 본다면 완벽주의자다.

비완벽주의자는 완벽한 결과를 기대하는 것이 아니라, 완벽한 전진과 꾸준함을 기대한다. 하루도 빠짐없이 조금씩 전진한다면 어떻겠는가? 매일매일 기록하고 보니 진척되지 않은 날이 없다면 어떻겠는가? 아무리 조금씩 또는 비틀거리며 전진해도 꾸준히만 전진한다면 목표까지 가는 길은 굉장히 빨라진다.

해야 할 행동을 하는 것이 삶의 비결이라는 사실을 대다수 사람들은 모르지 않는다. 일중독이 되어야 한다는 뜻이 아니다. 그것보다 훨씬 넓은 개념이다. 해야 할 행동을 실천한다는 것은 재충전이 필요할 때는 영화를 보거나 낮잠을 자야 한다는 뜻도 포함한다. 균형이 잡히고 행복한 삶을 누리기 위해서는 긴장을 풀고 마음을 편하게 먹는 순간도 반드시 가져야 한다. 다른 선택은 안타깝게도 수동적인 생활이다. 그것은 이리저리 '표류'하면서 자신의 의지대로 항해하는 인생을 살 결심은 절대로 하지 못하는 생활이다.

조금씩 나아가는 것이 성공이다

앞으로 나아가다 걸려 넘어질 수도 있다. 그래도 한 발짝도 움직이지 않았을 때보다는 앞으로 나아간 셈이다. 아무리 작거나 결함투성이인 행동일지라도 도움이 되기만 한다면 좋은 행동이다. 이런 아프지만 단순한 진실이 완벽주의자의 마음속에서는 왜곡되어 있다. 완벽주의자였던 내 과거 경험에서 나오는 쓰라린 경험담이다.

완벽주의자는 아주 높은 목표를 달성하는 것만 성공으로 정의한다. 그래서 팔굽혀펴기 80번을 거뜬히 해놓고도 100번이라는 목표에 도달하지 못했기 때문에 실패라고 생각한다. 이 운동은 신체 건강에는 도움이 되었지만, 잘못된 관점으로 인해 앞으로의 진척에는 해가 된다. 완벽하지 않은 성과라며 스스로를 질책한다면 단기적으로는 간신히 힘을 쥐어짜내 성과를 더 높일 수야 있을 것이다. 그런 식으로 많은 사람들이 단기간에 좋은 성적을 내기도 한다. 그러나 완벽하지 않다며 스스로를 질책하는 것은 장기적으로는 자존감과 진짜 능력에 피해를 준다. 아주 사소한 피해일지라도 우리는 언제나 전진하는 것 같을 때의 결과와 그런 피해가 있을 때의 결과를 비교해봐야 한다.

자기 처벌의 연료는 하룻밤도 버티기 힘들지만, 작은 행동 전략을 통해 스스로에게 의욕과 용기를 불어넣어주는 자기 격려 self-encouragement의 연료는 평생을 버틸 수 있다.

작은 습관을 실천에 옮기면서 나는 조금씩이라도 언제나 전진하고 있다는 느낌이 인생을 영원히 바꿔준다는 사실을 깨달았다. 또한 그런 마인드를 가진 사람이 드물다는 사실도 알았다. 그러나 작은 전진의 소중함을 인정하는 마인드를 가지고 꾸준히 연습하는 사람은 '절대 충분하지 않아'의 장벽을 체계적으로 부술 수 있다. 이것은 기준점을 낮추는 것이 아니다. 앞으로 나아가는 것을 성공으로 재정의하고 꾸준히 기준점을 높여나가는 연습이라고 봐야 한다.

이 같은 진실을 마음속에 새기는 순간, 하루 한 번 팔굽혀펴기를 하고서도 그것을 순수하게 성공으로 바라볼 수 있게 된다. 평생을 이른바 '정상적인 목표'에만 몰두하던 사람에게 아주 작은 목표는 낯설게만 여겨진다. 그러나 일단 시작하라. 그러면 매일 꾸준히 성공을 거둔다는 느낌에서 헤어 나오지 못할 것이다.

조각 성공이 덩어리 성공을 이긴다

우리는 태어난 순간부터 덩어리 성공을 추구하도록 사회에 의해 훈련 받았다. 학교에서는 기말고사에서 전과목 'A⁺'를 노려야 한다. 졸업한 후에는 이리저리 취업 면접을 보러 다닌 후 좋은 직장이라는 덩어리 성공으로 보상을 받고자 한다. 20킬로그램 체중 감량을 목표로 세우고 마침내 그 목표에 도달한 사람의 이야기를 전해 듣는다. 온갖 비지땀을 흘려가며 노력을 한 끝에 마침내 커다란 보상을 한 번에 다 받는 것이다. 우리는 이런 보상을 성공의 본질이라고 생각하는 어리석음에 빠져 있다.

성공에 대한 이런 철학은 다음과 같은 단순한 질문이 제기되는 순간 힘을 잃는다. '무언가를 아주 조금 이루고 나면 그다음에는 더 많이 이루게 되지 않을까?' 한때 레이즈 포테이토칩의 슬로건은 "한 번 먹으면 멈출 수 없다"였다. 마찬가지로 성공을 한 번 맛보고 나면 멈추지 않는 게 인간의 본능이다. 상어가 피에 이끌리듯 우리는 성공에 이끌린다. 맛있는 포테이토칩을 먹는 것은 한 번 맛본 순간부터 그 과정을 반복하고픈 마음이 든다는 점에서 (보상이라는) 성공을 맛보는 것과 비슷하고 레이즈는 그 이치를 잘 알고 있었다. 이것이 조각으로 나눈 성공이다.

무언가를 이루려면 거기에 정확히 맞아떨어지는 크기의 목표를 세워야 한다고 믿는 사람도 있다. 그들은 팔굽혀펴기를 20번 하려면 처음부터 그 '덩어리'만큼을 목표로 정해야 한다고 생각한다. 지금까지 수많은 사람들이 작은 습관을 통해 이 이론이 잘못되었음을 입증했다. 수백 명의 사람들이 처음에 세운 작은 목표를 얼마나 수시로 넘어섰는지 흥분하면서 내게 경험담을 보내왔다.

사회는 성공을 '덩어리'로 이루는 거라고 조작하는 경향이 있지만 그런 성공은 자연스럽지 않다. 성공의 자연스러운 정체성은 각각의 조각이다. 어떤 사람이 한 순간은 '덩어리' 성공을 이룰지라도 그 커다란 성공 한 번으로는 더 높이 올라갈 수 있는 충분한 연료가 되지 못한다. 우리는 매일 생활해야 하고 그렇기에 매일 연료를 공급 받아야 하기 때문이다.

조각 성공에는 자율성(즉, 자유)이라는 또 다른 요소도 작용한다. 즉, 스스로 통제할 수 있는 결정은 스스로에게 의미가 있다. 목표를 너무 높게 정하면 통제권이 목표에 주어지고 우리는 자율성을 잃는다. 목표가 새로운 주인이 되는 것이다. 심할 경우 드높은 목표는 25킬로그램이나 50킬로그램 감량하기, 한 주에 며칠은 헬스클럽에 가기, 운동 프로그램 따라 하기처럼 임의적인 숫자나 사회 규범일 공산이 크다. 목표는 우리의 부모가 되어 '그렇게 말했으니까' 운동을 건너뛰면 안 된다고 말한다. 그러고는 목표에 순종하면서 한 달 전에 정해놓고 지키지도 않는 결심을 바꾸지도 못한 채 어정쩡하게 지내게 된다.

이는 사소한 형태의 자기 처벌과 마찬가지다. 높은 목표가 우리를 통제하면 잠시 동안은 효과를 볼지 모르겠지만 얼마 지나지 않아 우리의 잠재의식에서는 반항심이 고개를 쳐들고 인내심이 폭발하는 사태가 벌어질 것이다. 어린아이의 반항은 골을 부리고 떼쓰는 정도지만, 어른의 반항은 푹 퍼져서 TV를 보거나 인터넷 서핑을 하며 시간을 보내는 등 목표를 피하기 위한 창의적인 방법들을 찾아내는 모습으로 등장한다.

성공을 하나씩 진행되는 것으로 재정의하라. 그러면 성공을 조각으로 나누는 것이 가능해진다. 조각 성공을 통해 성취감을 더 자주 느끼고, 강력한 기반을 쌓아 그 위에 또다시 강력한 기반을 덧쌓을 수 있다.

 **핵심 솔루션**

실수할까 두려워 시작하지 못하는 사람을 위한 4가지 행동 법칙
—

1. 성취 목록 만들기

자신의 성취 목록을 어디에 적을지 정하고(노트, 컴퓨터, 휴대전화 등 무엇이든 상관없다) 하루에 한 번 자신이 이룬 성취를(또는 본인의 긍정적 특징을) 적어도 하나 이상 적어라. 떠오르는 대로 다 적어라.

성취 목록 작성은 시간이 많이 들지 않는다. 자신이 이룬 좋은 성과나 긍정적 특징을 다 적는 데에는 몇 분이면 충분하다. 가면 증후군이 있는 사람은 본인의 성취를 내면화하는 것을 잘 하지 못한다. 그날 하루 이룬 성취를 적는 행동은 머릿속에서 자신의 성취를 뚜렷이 구체화하는 데 큰 도움이 된다.

2. 디지털 사고법

실수할지도 모른다는 염려에 사로잡힌 사람은 평생을 온갖 걱정과 시름에 시달린다. 실수는 누구에게나 다반사로 일어나는 일이기 때문이다. 디지털 사고법을 갖추는 순간 우리는 실수할지도 모른다는 마음에서 수월하게 벗어나 지금 기회를 얻은 행동에 집중할 수 있게 된다. 상황을 1(끔찍한 결과)부터 10(완벽한 결과)으로 보지 말고 0(아무것도 안 하는 상황) 아니면 1(행동을 취하는 상황)이라고 보라. 1로 정한 행동을 하는 데 집중하고 그것만 해도 자동으로 성공이라고 간주한다면 우리의 인생은 훨씬 편안하게 앞으로 훌쩍 나아갈 것이다.

- 매력적이라고 생각하는 사람에게 다가가 "안녕하세요"라고 인사말을 건넨다. = 승리
- 관심 있던 사람에게(사업을 위해서건 인맥 쌓기를 위해서건 아니면 무언가를 요청하기 위해서건) 메일을 보낸다. = 승리
- 스토리의 개요를 적는다(대충만 적어도 된다!). = 승리
- 책을 출간한다. = 승리
- 강연을 한다. = 승리

"안녕하세요"라고 말을 걸었는데 무시당할 수 있고, 이메일로 무언가를 제안했는데 거절당할 수 있고, 교도소에 갇히는 펭귄에 대한 이야기를 쓸 수도 있고, 책을 출간했지만 팔리지 않을 수 있고, 강연하는 내내 말을 더듬어 청중에게서 야유가 쏟아질 수도 있다. 그래도 행동을 했으므로 다섯 번이나 이긴 셈이다. 회복력을 길

렸고, 용기가 생겨났고, 자신을 온전히 내보임으로써 스스로의 역량이 강화되었다는 느낌이 생겼고, 귀중한 피드백을 받았다. 이런 결과 모두가 오늘 하루를 가장 생산적인 날로 만들어준다.

그리고 이건 최악의 시나리오다. 마음먹은 일 모두에서 좋지 않은 결과가 발생할 가능성은 낮다. 실패를 해도 낙담하는 마음이 생기지 않는다. 차라리 아무것도 하지 않을 때가 훨씬 의욕이 사라진다. 바로 이 점이 디지털 사고법이 소중한 이유다.

3. 쉽게 성공하기

굉장히 쉽기 때문에 하지 않는 것이 오히려 더 힘든 작은 습관을 만들어 매일 실천하라. 그러면 매일 성공을 거두는 것이 가능해진다. 실패보다 성공이 쉬우면 우리는 성공하지 않으려야 않을 수가 없다.

4. 조각 성공 추구하기

하루를 시작할 때 성공을 겨냥하지 말고 전진을 겨냥하라. 아주 약간의 전진도 전진으로 인정하라. 하루에 1분씩 이 아이디어를 생각하라.

50킬로그램을 감량하겠다는 식으로 완전하고 완벽한 이정표에 도달하는 것만을 성공으로 봐서는 안 된다. 굉장히 커다란 정신적

망치로 큰 목표를 산산조각낸다고 상상하자. 큰 목표가 수백 조각으로 조각이 나면 가장 작은 조각을 집어 들자. 이 작은 조각이 없으면 커다란 목표도 다 채워지지 못한다고 생각하자. 성공을 조각으로 보고, 발전과 전진을 성공의 새로운 정의로 여기자. 발전을 성공으로 바라볼 때 우리는 흠집 하나 없는 드높은 목표에 도달하려고 집착하는 마음을 덜어내고 다음 단계로 차분히 나아가려면 어떻게 해야 하는지에 더 집중할 수 있게 된다.

성공이 아니라 전진을 위해 노력하다 보면 어느 순간 그동안 원했던 커다란 성취를 이룬 자신을 발견하게 될 것이다

Chapter

8

어차피 안 될 거란 생각에서 벗어난다

"지금 적극적으로 실행하는 괜찮은 계획이
다음 주에 실행할 완벽한 계획보다 낫다."

– 조지 S. 패튼

어떤 행동을 하려고 생각했는데, 한줄기 희뿌연 의심이 든다면 어떤 반응을 보이게 될까? 아마도 뚜렷하게 확신이 들기 전까지는 그 행동을 뒤로 미룰 가능성이 높다.

예상은 우리가 행동의 결과를 의심하게 되는 주된 원인이다. 예상이란 결과를 예측하거나 상상한다는 뜻이고 대개의 경우 들어맞지 않는다. 노력을 많이 기울여야 하는 행동을 해야 할 때, 잠재의식적으로 그 일이 굉장히 고되고 불쾌할 것 같다는 예상이 들었던 적이 있는가? 그렇게 예상하는 데에는 다 이유가 있다.

잠재의식은 변화를 좋아하지 않으며, 우리가 그런 입장에 동의하도록 의식적 사고에 영향을 미치려 노력한다. 그런 노력 중의 하나로 잠재의식은 우리로 하여금 정확하지 않은 예상을 하게 만든다. 예전에 나는 하루에 최소 30분은 운동을 하고 싶었지만 한편으로 하루 30분은 너무 부담이 되고 힘들고 그럴 만한 가치가 있을지 의심스러웠다. 하루 한 번 팔굽혀펴기로 시작해 조금씩 양을 늘려 30분씩 운동을 하고 보니, 처음의 내 예상은 엇나가도 한참 엇나간 것이었다. 전혀 힘들지 않았고 즐거웠으며 끝난 후에는 보람도 컸다.

완벽주의자는 어떤 일을 시작하기도 전에 커다란 장애물부터 예상한다. 그들은 완벽한 이상과는 정반대되는 방향에서 현실에 맞지 않는 예상을 하기 때문이다. 하지만 현실적으로 결과를 예상한다고 해도 그건 그것대로 문제다. 완벽함을 바라고 기대한다는 자체가 행동을 기피하고 싶어 한다는 뜻이기 때문이다. 완벽주의자는 어떤 결정이나 행동의 결과를 예상할 때 거의 언제나 부정적인 결과도 함께 생각한다.

예상은 그저 예상일 뿐이다

예상의 문제는 그것이 이론에 불과하다는 데 있다. 예상이야 언제라도 할 수 있지만, 어떤 결과가 나올지 확실하게 아는 방법은 실제로 시도해보는 수밖에 없다. 일단 시험 삼아 시작을 하면 예상했던 것에서 어떤 부분이 틀렸는지 알게 된다. 잘못 예상한 경우들을 찾아내라. 그러면 앞으로도 잘못 예상했다는 사실을 발견하는 일에 더 능숙해질 것이다.

나는 운동을 할 때마다 운동 전에 했던 예상과 실제 결과를 비교한다. 지금까지는 실제 결과가 언제나 더 좋았다. 운동하고 싶은 기분이 들지 않고 헛된 예상이 들지라도 지금의 나는 그런 예상에 맞서 싸울 수 있는 경험이 한 무더기나 마련되어 있다. 가끔은 운동을 열심히 한 후에도 활력과 기분이 그전과 똑같을 것이라는 예상이 들곤 한다. 그러나 운동을 시작하고 점차 혈액이 순환하면 몸이 정적인 상태에서 동적인 상태로 '변화 모드'에 들어가기 때문에 운동을 끝마치기가 훨씬 쉬워진다. 예상만 하는 사람들도 그런 사실을 머리로는 알고 있다. 그럼에도 정작 결과를 짐작할 때는 그런 사실을 거의 포함하지 않는다.

숫기 없는 성격에서 스스럼없이 잘 어울리는 성격으로 변한 사람들은(나를 포함해) 자신을 부추겨 사람들에게 다가가고 경험을 쌓았기 때문에 변할 수 있었다. 그들은 사람들에게 말을 거는 것이 예상만큼 두려운 일이 아니라는 사실을 조금씩 배워 나갔다.

내 첫 책이 세계적인 베스트셀러가 될 것이라고 나 자신은 예상했을까? 절대 아니다! 나는 책의 내용 면에서는 자신이 있었지만 글을 쓰는 내내 온갖 예상에 시달려야 했다. "책을 쓰는 데는 몇 달이나 걸릴 거야. 돈 주고 사보는 사람들이 있기나 하겠어? 정규직 일자리를 얻지 못하면 길거리에 나앉을 거야." 그럴지라도 결과를 확실하게 알 수 있는 유일한 방법은 내 능력이 되는 한 가장 좋은 책을 쓰고, 최선을 다해 마케팅을 하고, 결과를 지켜보는 것밖에 없었다. 그리고 실제 벌어진 결과는 내 인생을 바꿨다.

"평생이 가도 내가 꿈에 그리는 일은 할 수 없을 거야"라고 가정한다면 평생이 가도 그 일을 시도조차 하지 않게 된다. 시도를 했는데 실패했다면 모든 경험을 철저히 분석해 우연인 부분과 진짜 실패인 부분을 가려야 한다. 대부분의 목표 추구는 우연에 많이 좌우되기 때문에 제대로 자리를 잡으려면 여러 번 시도해봐야 한다. 경험해봤다는 이유로 한 번 부정적인 결과가 나온 후 그만두는 것은 정당화될 수 없다.

예상은 흔히들 쉽게 하는 것이지만, 실제 행동을 하고 그 행동이 어떤 결과가 나올지 확인하는 것을 대신하기에는 굉장히 뒤떨어지는 대체재다.

예상이 얼마나 틀릴 수 있는지 확실히 알려면 예상한 내용을 종이에 적어라. 그런 다음 시험 삼아 행동을 시작하고 실제 결과를 적어라. 장담하건대, 예상을 실제 결과에 비교하는 일에 푹 빠져들 것이다.

종이에 적는 게 싫으면 마음속으로 예상을 떠올리고 자신의 인생에 중요한 일을 어떻게 인지하고 있는지 그 내용을 정신적인 노트에 기록하라. 어디서 시작해야 할지 모르겠으면 운동, 주어진 업무, 가사, 이메일 답하기, 책 읽기, 사람들과 대화 나누기, 글쓰기, 언어 연습, 악기 연습 등 저항감이 생기기 쉬운 분야부터 찾아보라. 저항감이 생기는 분야는 예상이 벌어질 가능성도 가장 높다. 저항감이 생긴다는 것은, 잠재의식이 무언가 다른 것을 원하면서 마음에 의심의 씨앗을 심고 방해하기 위해 한쪽으로 치우친 결과를 예상한다는 뜻이기 때문이다.

가끔은 무엇을 해도 즐겁지 않을 거라고 예상하거나 어떤 일이건 부정적인 결과를 예상하는 식으로 딱히 정해진 게 아닌 모호한 대상에 대해 예상을 하기도 한다. 모호한 예상은 특정 대상이나 행동을 예상할 때보다 해결하기가 훨씬 어려운 최악의 문제를 일으킬 수 있다. 하지만 모호한 예상을 그 결과에 비교해본다면 그런 예상이 과연 얼마나 맞는지 이해할 수 있다.

어떤 예상은 실제로 맞아떨어지기도 한다. 그럴 경우 우리는 적어도 자신이 정말로 하기 싫은 것이 무엇인지 알 수 있다. 나처럼 잔디 깎기는 쳐다보기도 싫다는 결론을 내릴 수도 있다. 아니면 운동의 운 자도 꺼내기 싫은데 그래도 건강을 위해서 해야만 한다는 생각이 든다면 문제 해결에 도움이 될 여러 정보를 얻을 수 있다.

자신이 운동에서 정확히 어떤 부분을 싫어하는지 파악하고 그 싫은 부분을 최소화하는 운동법을 개발하면 된다.

선택 앞에서 방황하게 되는 이유

행동의 결과에 의심이 든다면, 어떻게 반응하게 될까? 아마 아무것도 하지 않을 것이다. 행동의 결과에 의심이 들 때 우리는 흔히 꾸물대며 늑장을 피운다.

사람마다 미적거리는 데에는 나름의 이유가 있다.

- 그 일을 하기가 무서워.
- 어차피 주어진 시간만 채우면 되잖아(파킨슨 법칙).
- 캔디크러쉬에 빠져 있거든.

꾸물거리는 이유는 사안마다 다르지만, 이런 하나하나의 이유 중 어떤 것도 문제 해결에는 도움이 되지 않는다. 미적거림의 근본 원인을 찾아내려면 그것이 어떤 식으로 작동하는지부터 살펴봐야 한다. 다른 것을 떠나, 미적거림은 행동할 결심을 하지 못하거나 결심을 해도 실행에 옮기지 못한다는 뜻이다. 일단은 결심이 먼저이므로 거기서부터 시작해보자.

'실천 단계에 들어서지 못함.' 이것이 미적거림을 이해하는 데 가장 도움이 되는 정의다. 무언가를 결정할 때 우리는 고민을 한 다음(선택지 따져보기) 실행에 옮긴다(행동하기). 행동에 대해 의심하는 마음이 들 때 관건은 그 행동이 좋은 아이디어인지 아닌지가 아니다. 대개는 결심 자체가 관건이다. 무언가를 행동에 옮긴다는 것은 그 시간 동안 다른 행동은 할 수 없다는 뜻이다. 이 사실을 알기 때문에 우리는 혹시 최선의 결정이 아니면 어쩌나 하는 두려움에서 잘 벗어나지 못한다.

어떤 행동을 하기로 단단히 각오하면 우리의 생각은 실행 단계로 넘어가 행동을 시작하게 된다. 이때의 목표는 고민 단계에서 실행 단계로 넘어가는 것이다. 보스Kathleen D. Vohs와 바우마이스터Roy F. Baumeister의 연구는 이렇게 말한다.

"처음의 정신적 상태에서 두 번째로 옮겨가기 위해서는 심사숙고하는 과정을 끝내고 선택한 내용을 실제로 실천하는 행동을 시작해야 한다. […] 철학자 서얼John Searle(2002)은 이 차이를 상당히 자세히 논했다. 그의 주장에 따르면 합리적 분석을 하고 그 결과를 바탕으로 행동할 수 있는 것이 아니라면 그 합리적 분석은 기능상 도움이 되지 않기 때문에 합리성에는 어느 정도 자유의지(또는 행동에 대한 의도적인 통제)가 전제로 깔려 있어야 한다. 서얼은 더 나아가 인간은 특정 행동을 해야 할 이유를 여러 가지 인식하면서도 여전히 그 행동을 하지 않을 수 있는데 이는 고민과 선택이 별개의 단계임을 의미한다고 강조했다."

꽤 장황한 설명이지만, 미적거리는 사람은 어떤 하나의 (귀중한) 행동을 하겠다는 결심을 다지지 못하는 것이 근본 원인이다. 미적거리는 사람은 고민만 거듭하면서 그 고민을 내려놓지 못한다. 다른 행동을 선택했기 때문이 아니다. 그들이 고민만 한다는 것은 가치 있는 행동을 할 결심을 하는 대신에 그냥 초기설정 값인 디폴트 상태를 선택했다는 의미에 불과하다.

그들의 모습은 우리에게 또 다른 질문을 제기한다. '미적대는 사람들은 왜 중요한 행동인 줄 알면서도 그 행동에 대한 결심을 뒤로 미루는가?'

완벽주의가 두려움을 이끌기도 하고, 반대로 두려움 때문에 완벽주의가 생기기도 한다. 어느 쪽이 먼저인지는 사람마다 다르다. 두려움에 빠지면 약한 심리 상태는 완벽한 일처리를 (또는 아무것도 하지 않기를) 원한다. 또는 반드시 최상의 결과를 내기를 바라는 완벽주의자들은 압박감으로 인한 두려움이 생길 수 있다. 완벽주의와 두려움은 찰떡궁합이다.

중요한 일일수록 자동적으로 가장 무서운 일이 되기 때문에, 두려움에 빠지면 위험이 없거나 중요하지 않은 '시간 때우기' 행동을 먼저 선택한다. 즉, 행동의 우선순위를 뒤집는 것이다. 우선순위가 뒤집혔기 때문에 게임이나 SNS를 마치 지금 꼭 해야 할 행동인 듯 열심히 하고 정말로 해야 하는 중요한 일은 뒷전으로 미룬다.

많은 사람이 완벽주의를 변명거리로 이용한다. 완벽주의를 자신의 두려움을 가리기 위한 가면으로 사용하는 것이다. 가면 뒤에서 무서워 벌벌 떨면서 인간은 아무리 잘해도 완벽하지 않은 행동만 할 수 있을 뿐이라는 현실을 직시하지 못한다. (주의: 나는 임상적인 강박증을 가진 사람을 말하는 것이 아니다. 그것은 다르게 다뤄야 할 문제다.)

완벽주의가 우리의 우선순위를 뒤집을 때 그것은 삶을 망치는 무서운 문제가 될 수 있다. 여기에 미적거림까지 더해지면 그 힘은 더욱 막강해진다.

미적거림은 완벽함이라는 환상을 유지시키는 가짜 유익이 있다. 여기서 말하는 미적거림이란 신중한 생각을 거듭할 뿐 도무지 행동에 나서지 않는 상태를 가리킨다. 행동을 시작하기 전에는, 완벽한 분위기 속에서 완벽한 아이디어를 가지고 완벽한 결과를 만들어낼 수 있을 것 같은 생각이 든다. 그러나 행동을 시작하는 순간 완벽하지 않은 현실이 강하게 난타한다. 재미있을 리가 없다.

오로지 자리를 박차고 일어나 "지금 당장 책을 쓰기 시작할 거야"라고 말할 때, 비완벽주의의 물결을 경험할 수 있다. 비완벽주의라는 불확실한 물결에는 활력 저하, 아이디어 부족, 글을 쓸 동기 부족, 적절하지 못한 타이밍, 좋은 글을 쓸 수 있는 능력에 대한 자신감 부족 등 온갖 의심이 도사리고 있을 수 있다.

의미 있는 행동을 하려면 '볼썽사납고' 고된 노력이 필요하다. 우리는 그 사실을 모르지 않는데도 일이건 개인생활이건 완벽하게 해낼 수 있다는 환상을 떨쳐내지 못한다. 그런 환상은 논리적 욕구가 아니라 감정적 욕구이기 때문이다. 현실에서는 업무 상황도, 일을 한 후의 결과도 절대 완벽하지 않다. 예를 들어 나는 애정이 넘치는 고양이가 내 허벅지를 비롯해 내 몸 여기저기를 문지르고 비비대는 동안 이 글을 썼다. 생산성을 발휘하기에 완벽한 조건은 아니다. 간지럽기도 하고 웃음도 터져 나왔지만 그래도 나는 최선을 다해 계속 글을 썼다.

어떤 행동을 더 잘하는 법을 배우고 싶다면 이미 그 일을 훌륭히 해내고 있는 사람을 관찰하는 것도 좋은 방법이다. 영화 주인공들은 두려움을 모르는 천성을 가졌고, 해야 할 일 앞에서 늑장을 피우지 않는다. 이 둘은 굉장히 깊은 연관이 있다.

그 누구보다도 두려움을 모르는 제임스 본드를 떠올려보라. 그가 생각만 하면서 "흠, 저기, 어쩌면, 아, 뭘 해야 할지 모르겠어" 같은 말을 한 적이 있는가? 없다. 지금 이 순간에도 제임스 본드는 빠르고 자신 있게 결단을 내린다. 가끔은 틀린(그리고 완벽하지 않은) 결정을 내리고, 갑자기 세 개의 총구가 그의 머리를 향하는 상황에 빠지기도 한다. 그다음은 어떻게 될까? 시나리오 작가가 본드의 목숨을 구한다. 뭐, '신께서 보우하사'라며 농담으로 둘러칠 수도 있지만 어쨌거나 본드는 적응하고 정복한다. 진정한 비완벽주의자가 되는 순간 우리가 선택할 수 있는 무기에는 적응도 포함된다! 다시 말해 적응이 자기 힘을 발휘하게 만들어야 한다.

행동하고 적응하고 정복하라! 이것이 우리 인생의 키워드라는 사실이 이해가 되지 않는가? 가만히 앉아서 최선의 선택이라고 확신을 주는 적절한 신호가 나타날 때까지 기다리며 행동을 미루기보다는, 행동하고 적응하고 정복하는 것이 훨씬 신나고 생산적이다.

완벽하지 않은 상황에서 완벽하지 않은 결정을 내리고 완벽하지 않은 행동을 취할 각오가 되어 있다면 우리는 꾸물거리고 미적거리는 것을 정복할 수 있다.

모든 국면마다 불완전함이 존재한다는 것을 포용하면 변명이 들어설 자리가 없어진다. 실패도 전체 과정의 일부로 집어넣기 때문에 실패에 대한 두려움도 없어진다. "완벽하지는 못할 거야. 그래도 앞으로 나아갈 수 있어"라고 말하게 된다.

인생은 결함투성이 선택으로 이루어져 있다

두 젊은이의 이야기를 들려주려 한다. 한쪽은 완벽주의자(A)이고 다른 한쪽은 비완벽주의자(B)다. A와 B는 둘 다 여자친구를 사귀고 싶어 한다. 그들에게 어떤 결과가 일어날까?

1라운드

B가 여자에게 걸어가 사귀자고 요청한다. 그녀는 뒤로 물러서며 "싫은데요"라고 말한다.

A는 여자를 멀찍이서 관찰한다. 그는 로맨틱한 구애의 장면을 상상한다. '입에는 장미 한 송이를 물고 넝쿨을 타고 넘어가 그녀에게 춤을 신청해야지. 저 여자는 이 멋진 영웅이 누구인지 궁금해하겠지. 그러다 옆에서 들리는 라이브 밴드의 음악에 고개를 돌릴 거야. 우리 둘은 태양이 지평선으로 녹아들 때까지 밤새도록 춤을 추겠지.' 끝.

1라운드 승자: A의 승리다. 거절을 당하지도 않았고 꿈꿔왔던 최고로 멋진 데이트를 상상으로나마 했다.

2라운드

B가 여자에게 걸어가 "안녕하세요"라고 인사를 건네고 여자도 "안녕하세요"라고 받아준다. 그러나 마치 사장과의 면담 자리에 늦기라도 한 듯 그녀가 서둘러 자리를 벗어나는 바람에 대화는 거기서 끝난다.

A가 마음에 드는 여자를 발견하고는 그녀에게 던질 멋진 말 몇 가지를 고민한다.

"신발이 멋지군요." - 안 돼. 그녀의 마음을 얻으려는 시도라는 게 너무 눈에 보여.

"오늘 날씨 참 좋은 것 같죠?" - 이것도 절대 안 돼. 이런 흔해빠진 말로는 그녀에게 좋은 인상을 심어줄 수 없어.

"여기, 전에도 오신 적 있죠?" - 스토커처럼 들릴 수 있어. 이것도 안 돼.

2라운드 승자: A. 말을 잘못 건네는 사태도 피했고 여자가 고개를 돌리고 떠나는 사태도 피했다.

3라운드

B가 여자에게 다가가 미소를 짓는다. 그녀도 같이 미소를 짓고, 그는 그녀의 얼굴을 바라본다. 그가 그녀에게 바짝 다가가며 말한다. "안녕하세요. 인사나 하려고요." 그녀도 말한다. "네, 안녕하세

요." B가 능글맞게 웃으며 말한다. "전 그쪽을 보니 더 안녕한데요."
여자가 남자의 뺨을 때린다.

A가 여자를 보고는 미소를 보낸다. 그녀가 그에게 시선을 돌리자마자 그는 재빨리 눈길을 돌린다. '내가 보는 걸 저 여자가 알았어. 어쩌면 그녀도 내게 관심이 있을지 몰라. 그래도 내가 계속 뚫어져라 보면 나를 거부할 거야. 그녀가 나를 먼저 볼 때까지 기다려야 할 것 같아. 정신 차려. 여기는 마트야. 누군가를 만나기에 좋은 장소가 아니야.'

3라운드 승자: A. 뺨을 맞는 사태는 피했다.

3라운드까지 끝냈으니 결과를 보자. 와우! 완벽주의자가 세 번이나 낯 뜨거운 실수를 한 비완벽주의자를 압도적으로 이기고 있다. 이 정도면 게임 오버가 아닌가!

그런데 정말로 그럴까? 한 라운드만 더 하자는 원성이 내 귀에 들리는 것 같다. 이상하다. 이 정도면 누가 이길지 이미 드러나지 않았는가! A는 지금까지 잘못된 결정을 단 한 번도 내리지 않았다. 그래도 계속하기를 원한다면 4라운드를 치러보자.

4라운드

한 여자가 B에게 다가가 말을 건넨다. "안녕하세요, 저도 버지니아 대학교 나왔어요. 몇 년도 졸업생이세요?" 두 사람은 잠시 말을 나누고, B는 과거의 실수에서 배운 것도 있고 해서 이번에는 조심스럽게 행동한다. 기분을 상하게 할 농담도 하지 않고, 그냥 자연스럽게 굴기로 한다. 이제는 여자들에게 말을 건네는 것이 심하게 부담스럽지 않기 때문에 자연스럽게 구는 게 어렵지는 않다. 여자는 B에게 전화번호를 알려주고, 두 사람은 멋진 첫 데이트를 한다(영화 '아바타'에 나오는 하늘을 나는 것만 같은 마법의 순간이었다).

한 여자가 A에게 다가가 말을 건네자 그가 깜짝 놀란다. "안녕하세요, 저도 버지니아 대학교 나왔어요. 몇 년도 졸업생이세요?" A는 극도로 긴장하고 여자에게 무슨 말을 해야 할지 전혀 준비가 되지 않은 탓에 대화를 잘 이어나가지 못한다. 상상 속에서 수천 번이나 시뮬레이션을 가동해봤지만 이런 상황을 실제로 겪어본 적은 없었다. 긴장한 탓에 몇 마디만 무뚝뚝하게 내뱉고 대화 내내 자신감이 없어서 우물쭈물한다. 그녀는 약속이 있다고 말하며 자리를 떠난다. 그녀에게 약속이 있는 건 사실이기는 하다.

4라운드 승자: 이번에도 A일까? B가 승자가 아닐까? 그는 어떻게 이길 수 있었는가?

A는 완벽한 계획을 세우는 데 빠져 지냈지만 B는 직접 현실에 뛰어들어 경험을 쌓고 배웠기 때문이다. 완벽주의자가 세우는 전략

에는 커다란 문제점이 하나 있다. 아무리 완벽한 의사결정 기계일지라도 완벽하지 않은 데이터로는 완벽한 결정을 내릴 수 없다는 사실이다. 완벽한 결정을 내리려면 결정의 바탕이 되는 데이터 역시 완벽하게 정확해야 한다. 그러나 가장 중요한 데이터는 완벽하지 않은 실험을 통해서만 얻어진다. 이것이 언제나 완벽한 결정을 원하는 완벽주의자가 처한 딜레마다.

우리는 완벽한 결정을 인생의 성배처럼 생각하는 경향이 있지만, 마지막에 비완벽주의자가 이기는 이유는 그의 결정이 더 훌륭하기 때문이 아니다. 오히려 비완벽주의자는 완벽주의자가 하지 않는 구체적인 실수를 훨씬 많이 저지른다. 그러나 영원히 피해를 주는 실수가 아닌 이상 실수는 도움이 된다. 거절이나 따귀를 맞은 경험을 통해 B는 자신을 어떻게 표현해야 하는지 정보를 더 많이 얻었고 그 결과 여자들에게 더 편안하게 말을 건넬 수 있었다. 돌이켜 보면 그의 결함투성이 선택은 최선의 선택이었다. 그리고 우리의 인생도 이와 다르지 않다.

어떤 상황이든 여러 번 반복하면 외부 껍데기가 단단해져 고통이나 위협을 막을 수 있다. 5년에 한 번 여자에게 거절을 당할까 말까 한 남자는 매주 여자에게 거절을 당하는 남자보다 거절당했을 때의 고통이 훨씬 크다. 실수투성이 프레젠테이션을 여러 번 해본 사람은 첫 프레젠테이션을 망친 사람보다 괴로운 마음이 훨씬 적다. 그것이 바로 우리의 뇌가 설계된 방식이다. 네덜란드 출신 심리학자 니코 프리자Nico Fridja의 말마따나 "쾌락은 지속될수록 닳아 없어지고, 역경은 지속될수록 매서움을 잃는다."[44]

한줄기 의심 때문에 행동을 하지 못한다는 것은 의미 있는 인생을 살기를 피한다는 뜻이다. 그러나 최선을 다해 자신이 원하는 것을 추구한다면 우리가 원하는 결과가 만들어진다. 시행착오야말로 무언가를 개선하기 위한 가장 확실한 방법이다.

빠른 결정, 빠른 실행력이 답이다

행동의 결과에 대한 의심을 떨쳐내기가 힘들다면 어떤 능력을 발전시켜야 직접적인 도움이 될까? 앞에서 미적거리는 사람들이 어떻게 하다 고민 단계에서만 빙빙 도는지 설명했다. 그 이유는 떠오르는 아이디어가 의심스러울 뿐 아니라 지금 생각해낼 수 있는 최선의 아이디어인지도 의심스럽기 때문이다. 여기에는 행동 위주의 간단한 치료법을 쓰면 된다. 바로 속도를 내는 것이다.

결정 속도를 높이는 것은 고금을 통틀어 가장 제대로 평가 받지 못하는 기술 중 하나다. 다른 기술이 다 그렇듯 빠른 결정 능력도 연습을 거듭하면 발전시킬 수 있다. 빨리 결정하는 능력은 우리 인생을 개선해줄 중요한 행동에 대해 의심이 들 때 그런 의심의 대부분을 재빨리 잠재워줄 수 있다. 빠른 결정 능력을 키우는 방법을 알아보자.

결정은 참 힘든 행동이다. 시간, 난이도, 보상, 위험, 대안, 기대 등 온갖 변수가 결정을 좌우하기 때문이다. 선택의 순간이 왔을 때 글쓰기와 운동하기, 기타 치기 중 어느 하나를 결정하는 것은 믿을 수 없을 만큼 까다롭게 여겨진다. 뇌는 '최선의 결정'을 분명하게 밝혀주는 뚜렷한 요소들을 찾아내야 하는 힘든 업무를 수행해야 한다. 게다가 힘든 업무가 거기서 끝나기만 하면 다행이다.

여러 요소를 비교한 끝에 현재로서는 기타 치기를 최선의 행동으로 판단했다고 치자. 그런데 앞에서 고민과 실행을 논하면서 말하기도 했지만, 완벽주의자들은 자신의 선택이 '완벽한 선택인지' 고민하는 단계를 벗어나지 못한다는 사실을 기억하라. 재빨리 실행하는 단계로 옮겨가지 못하고 주저하면 다시 고민 단계로 되돌아간다. 그러고는 온갖 복잡하고 소소한 변수에 빠져 길을 잃는다. 더 심하면 이렇게 고민만 하는 것이 습관으로 자리를 잡을 수 있다.

고민 단계로 거듭해서 되돌아가는 습관 대신 움직여야 할 순간에 빨리 움직이는 습관을 발전시켜야 한다. 우리는 언제나 실행 마인드로 들어설 생각을 하는 사람이 될 수 있다. 사실 우리 모두가

들어서려고 노력하는 것도 바로 실행 마인드다. 실행은 행동을 의미하고, 행동은 학습과 전진을 의미한다. 그리고 학습과 전진은 성공을 이끈다.

하지만 무턱대고 행동으로 돌진하는 자세를 기르기 전에, 깊이 고민만 하는 태도가 왜 크게 도움이 안 되는지 좀더 자세히 살펴보자.

어떤 행동을 했을 때 실보다 득이 크다는 사실을 이해했다면 곧바로 실행해야 한다. 굉장히 중요한 다른 일을 하고 있는 게 아니라면 그 행동을 곧바로 실천해야 한다. 간식 먼저 먹고 하겠다는 생각은 버려라. 페이스북 먼저 확인하겠다는 생각도 하지 마라. 간식이나 페이스북 같은 것은 정신적 쓰레기다. 우리로 하여금 처음의 결심에서 주의를 돌려 고민만 하는 단계로 다시 돌아가게 만든다.

여기서의 관건은 미적거림을 물리치는 것이다. 갑자기 어떤 것을 하고 싶다는 마음이 왜 생기는지 설명하기는 힘들다. 어쨌거나 '좋아, 운동할 시간이 있을 것 같아'라는 생각을 한다고 치자. 운동할 시간이 있고 그런 마음도 든다면 그 순간에 할 수 있는 다른 여러 행동과 운동을 비교해봤자 아무 도움도 되지 않는다. 최근에 나는 미적거림을 물리치는 연습을 하고 있는데 빨리 움직이고 자주 행동하는 것이 도움이 되었다. 이것을 뇌의 전원을 끄는 것이라고 생각하면 된다. 다시 말해 필요도 없는 분석을 더 자세히 진행하는 것을 스스로에게 허락하지 않는 것이라고 생각하면 된다.

빠른 결정 내리기 연습 4단계

세 명의 총잡이가 멀찍이 떨어져 서 있다. 셋은 서로의 머리에 총을 겨누고 있다. 셋 중 누구라도 빨리 행동하는 것이 능사라고 생각되는가? 아마도 아닐 것이다. 누구건 총구를 당긴다면, 그런 결정에는 위험이 잔뜩 따를 뿐 잠재적 보상은 하나도 없다. 어쩌면 한 사람 혹은 그 이상이 목숨을 잃을 수 있다. 이와 같은 상황에서는 신중한 생각이 굉장히 중요하다.

이번에는 우리의 일상생활로 시나리오를 전환해보자. 우리는 책 읽기, 글쓰기, 세금 계산하기, 운동하기, 친구와 수다 떨기 등 일상생활에서 자주 결정을 내린다. 이런 행동들은 다들 위험이 낮고 기회비용도 비슷한 수준이다. 한마디로 어느 것을 결정하건 간에 잘못된 선택을 내리기가 거의 불가능하다. 나는 빨래를 했다가 며칠이나 걸려서 슬퍼하며 후회했던 적은 한 번도 없었다. 그럼에도 우리는 해야 할 일을 뒤로 미루는 상황에 빠지기가 쉽다. 왜 그럴까?

종합적으로 생각해보면 답은 분명하다. 우리는 뇌가 훌륭한 분석 기계이므로 어떤 결정이건 아주 작고 사소한 결정을 내릴 때에도 그 기계를 사용해야 한다는 (습관적인) 가정에 빠진다는 것이 그 답이다.

결혼할 배우자를 고르거나, 주택담보대출 옵션을 비교하거나, 직장을 선택할 때는 뇌의 강력한 분석 능력이 도움이 된다. 그러나 간단한 선택을 내릴 때 뇌의 분석 능력은 크게 도움이 되지는 못한다.

1단계: 진짜 위험이 무엇인지 파악하라

선택을 잘못할 때 생길 진짜 위험이 무엇인지 잘 파악해야 한다. 빨래와 기타 치기 사이에서 선택을 하는 것이라면 깨끗한 양말이 하나도 남아 있지 않는 한(그러면 엄청난 위급 상황이다) 어느 쪽을 선택해도 문제가 없다. 저녁식사로 연어와 스테이크를 두고 고민이 된다면(나라면 연어를 선택하겠지만) 그 결정을 내리느라 머리가 빠지게 고민할 필요도 없다. 자유시간에 할 수 있는 일이 수십 가지가 있다면 자기가 생각하기에 좋은 것 하나를 선택하고 즐겁게 하면 된다. 그러기 위해서는 조건이 있다.

- 불완전함을 포용해야 한다.
- 잘못 선택할 때의 진짜 위험과 그 결과가 무엇인지 생각해봐야

한다(거의 대부분은 위험이 전혀 없다. 그런 사실이 '잘 선택해야 한다'는 압박감을 없애준다).
- 각각의 행동을 지나치게 분석하지 않도록 생각을 단순화해야 한다. '행동 = 괜찮을 것 같아'라는 결론이 나오면 그냥 움직여라. 석기시대 수준의 단순한 사고이지만 효과는 좋다.

최대한 빠르게 마찰 없이 실행 마인드로 옮겨가면 시간과 에너지가 절약되기 때문에 하고 싶은 행동 목록에 있는 행동을 더 많이 할 수 있게 된다. 의사결정은 전전두엽피질에서 이루어지는 에너지 집약적인 과제다. 따라서 결정의 프로세스가 빨라질수록 우리는 에너지를 크게 절약할 수 있다!

2단계: 가능한 한 빨리 고민 단계를 종료하라

프로젝트에 마감이 정해져 있다고 가정해보자. 이 경우 정해진 시간 안에 정해진 목표를 완수해야 하지만, 우리 대부분은 마지막 순간까지 해야 할 일을 미루고 또 미룬다. 이것은 실제로는 앞에서 말한 상황과 조금도 다르지 않다. 목표가 분명하고 끝내야 할 날짜가 정해져 있어도 시작할 날짜를 정하지 않으면 그 프로젝트는 그 순간 할 수 있는 다른 여러 행동 목록 중 하나에 포함될 수밖에 없다. 두 가지 방법으로 이런 문제를 극복할 수 있다.

- 방법 1: 단기 해결법은 계획표를 짜는 것이다. 간단하고 효과적이다.
- 방법 2: 장기 해결법은 스스로를 다시 훈련시키는 것이다. 지금이 시작하기에 딱 괜찮을 것 같다는 생각이 들면 곧바로 시작하고, 고민 단계는 그 자리에서 중단하라. 더는 뒤돌아보지 마라. 행동에 옮겨라. 충분히 연습하면 이렇게 곧바로 행동에 옮기는 것이 새로운 행동방식으로 자리를 잡을 것이다. 부수적 효과도 있다. 빨리 결정을 내리는 습관이 몸에 밴 사람들은 남 보기에도 두려움이 없고 자신감이 흘러넘친다.

6장에서 얘기했던, 행동의 기준점을 조정하는 것과 결합시키면 빠른 결정을 내리기가 더 쉬워진다. 한 예로 나는 최근에 한 블로거가 휴대전화로 써서 올린 포스트를 읽었다. 그는 버스 안에 있었고 블로그에 포스트를 올려야 했지만 랩톱이 없었다. 나를 포함해 대다수 블로거는 "랩톱이 없으면 블로그 포스트를 써서 올릴 수가 없어"라는 기준점을 세운다. 그러나 그는 행동 기준을 낮췄기 때문에 이상적이지 않은 환경에서도 휴대전화로 포스트를 쓴다는 생산적인 결정을 내릴 수 있었다. 그가 종전의 행동 기준을 완강히 고집했다면 어떻게 해야 할지 한동안 우왕좌왕하면서 시간과 에너지만 낭비했을 것이다.

이처럼 어떤 행동을 실천하기로 결심하면 가능한 한 빨리 고민 단계를 종료할 방법을 찾아야 한다. 행동의 기준점을 낮추고, '자타가 공인하는 최상의' 선택이 아니라 '좋은' 선택을 내리는 태도를 취하면 결정을 빨리 내리는 데 도움이 된다.

3단계: 2분 규칙을 따라라

효율적이지 않은 고민 단계를 줄여주는, 훌륭하고 손쉽게 실천할 수 있는 트릭 한 가지는 2분 규칙이다. 나는 이 규칙을 데이비드 알렌David Allen의 『끝도 없는 일 깔끔하게 해치우기Getting Things Done』에서 읽었다. 이 규칙에 따르면, 2분 안에 할 수 있는 일은 더는 고민하지 말고 해야 한다는 것이다. 고민하는 데에는 인지적 에너지가 굉장히 많이 소모되기 때문에(결정을 위한 고민은 전전두엽의 분석 능력에 크게 의존한다) 효율적이지 못하면 큰 문제가 된다. 굉장히 기발한 규칙이다. 2분 안에 끝낼 수 있는 일이라면 굳이 시간을 들여 고민할 가치가 없기 때문이다.

2분 안에 끝낼 수 있는 일에는 여러 가지가 있다.

- 진공청소기로 방바닥 밀기
- 세탁 코스 설정하기(세탁, 건조 등)
- 물 한 잔 따르기

- 이메일 써서 보내기
- 작은 습관을 행동에 옮기기

4단계: 1~3단계를 꾸준히 연습하라

그러면 결정이 빨라지고 즉시 행동을 하게 되므로 꾸물거리는 습관을 날려버리는 길을 안정적으로 걷게 될 것이다.

정보보다 자신을 믿어라

의심은 정보가 더 필요하다는 생각을 불러일으킨다. 의심이 존재하는 회색 공간에서 정보의 증가는 전체를 어느 한쪽으로 치우치게 만드는 결정적 변화를 불러올 수 있다. 이 시나리오로 인해 가끔은 미적거리는 태도가 생산적 태도라는 느낌마저 들기도 한다.

우리는 어떤 결정을 내리기 위해 정보가 더 필요하다고 느끼면 정보가 늘어날 때까지 기다리기도 한다. 이 경우 가능한 잠재적 시나리오는 두 가지다.

- 정보를 더 얻어서 결정을 더 쉽게 내릴 수 있다.

- 정보를 더 얻을 수 없거나, 얻어도 결정에는 영향을 주지 못한다.

의심스러운 마음에 결정을 뒤로 미룰 때는 위의 두 시나리오 중 어느 쪽에 해당하는지 스스로에게 물어야 한다. 실제로 결정을 미루는 것은 결코 옳은 선택이 아니다. 결정을 내리기 위해 정보가 더 필요할지라도 그 순간 우리는 새로운 정보를 찾겠다는 또 다른 결정을 내릴 수 있기 때문이다. 그리고 새로운 정보가 결정에 도움이 되지 못한다면 당장 결정을 내리는 것이 최선이다. 어느 쪽에 해당하건 결정을 미루는 것보다는 발전적인 선택임에 분명하다.

텃밭 가꾸기를 시작해볼까 고민하는 상황이라고 가정해보자. 텃밭 가꾸기는 시급을 다투는 일이 아닌 탓에 나중에 시작해도 충분하다고 느낄 수 있다. 또한 텃밭을 시작하기 전에 알아두면 좋을 만한 참고사항이나 준비단계도 한두 가지가 아니다. 이 두 가지가 결합하면(정보는 적고 시급한 일은 아님) 뒤뜰의 돌을 걸러내는 대신에 텃밭 가꾸기를 그냥 꿈으로만 남겨둘 소지가 크다.

나는 일단 시작하고 어떤 결과가 나오는지 보는 쪽을 선호한다.

2011년에 나한테도 비슷한 문제가 있었다. 나는 내 생각을 공유할 웹사이트나 블로그를 만들고 싶었다. 하지만 그건 살면서 아무 때나 해도 되는 일이었고, 어디서부터 시작해야 하는지에 대한 사전지식이나 정보는 거의 없었다. 나는 무작정 뛰어들어 직접 경험을 통해 배웠다. 내가 알기로 블로그 개설의 첫 단계는 도메인 등록이었고, 그래서 deepexistence.com이라는 도메인을 등록했다. 그러자 모든 것에 시동이 걸렸다. 나는 배우고 실험하면서 블로그를 했다. 4년 후, 그때의 결정은 내가 걷는 커리어를 변화시켰다.

종합해보자면, 결정을 내리는 데는 우리가 생각하는 것만큼 정보가 많이 필요하지 않다. 계속해서 정보를 원하는 사람일수록 자신감에 문제가 있을 소지가 크다. 자신감이란 미지의 상황에 처해도 잘할 수 있다고 스스로를 믿는 태도를 말한다. 다시 말해 자신감은 언제나 완벽한 결정을 내리지는 못하지만 변화하는 상황에 필요할 때마다 적응할 능력이 있다고 생각하는 스스로에 대한 신뢰다.

아주 드물게 정보와 조사가 더 필요할 때도 있기는 하다. 그러나 그 밖의 모든 상황에는 다음과 같은 질문을 던져야 한다.

- 최악의 결과는 무엇일 것 같은가? 최악의 결과가 나올 가능성은 얼마이고, 어떻게 해야 거기에서 회복할 수 있을 것 같은가?
- 최상의 결과는 무엇일 것 같은가? 최상의 결과가 나올 가능성은 얼마이고, 정말 실제라면 얼마나 좋은 일일 것 같은가?
- 가장 가능성이 높은 결과는 무엇일 것 같은가?

10점을 만점으로 해서 가장 좋은 결과에 10점을 준다. 잠재적인 최상의 결과가 10점이고 잠재적인 최악의 결과가 4점이라면 나쁘지 않은 아이디어라고 볼 수 있다! 이렇게 점수를 매기면 위험과 보상 수준이 명확하게 정해진다. 또한 결정을 내리는 데 필요한 정보도 손쉽게 늘릴 수 있다.

텃밭 가꾸기의 예를 다시 들어보자.

- 최악의 시나리오: 10점 만점에 7점. 수십 시간이나 땀 흘리며 일했는데 자연재해와 해충이 농작물을 망친다. 또는 텃밭을 시작은 했는데 텃밭을 가꿀 틈이 나지 않는다.

- 최악의 결과가 나올 가능성: 가능성 거의 없음. 그런 일은 거의 벌어지지 않을 것 같다. 힘들어도 괜찮을 것 같고, 혹여 망친다고 해도 텃밭에 대한 지식과 경험은 고스란히 남을 것이다.

- 최상의 시나리오: 10점 만점에 9점. 싱싱하고 몸에 좋은 채소가 자라는 훌륭한 텃밭을 일궈냈고, 문제도 거의 생기지 않는다!

- 최상의 결과가 나올 가능성: 가능성 높음. 사전 준비만 잘하면 훌륭한 텃밭이 가능할 것 같다. 집에서 기른 호박에 대한 욕심을 버릴 수가 없다.

- 가장 가능성이 높은 시나리오: 가끔씩 해충과 날씨 때문에 텃밭을 가꾸는 데 문제가 생긴다. 그래도 몸에 좋은 채소가 자란다는

사실에는 변함이 없다.

대다수 사람들은 결정을 내릴 때 위험과 보상을 막연히 짐작만 한다. 그러다 보니 자신의 목표가 추구할 만한 가치가 있는 목표인지 가늠하기 어렵고, 실수를 하고 싶지 않은 마음에 새로운 정보만 잔뜩 찾아다니게 된다. 하지만 아인슈타인이 실수를 지적하면서 "한 번도 실수를 하지 않은 사람은 한 번도 새로운 것을 시도해보지 않은 사람이다"라고 말했다는 사실을 기억하자. 해야 할 일을 다 올바로 하고 있다고 완전히 확신하는 상태에서는 새로운 것을 시도할 수 없다.

양은 질로 가는 길이다

양과 질, 어느 쪽이 중요한가? 그것은 주제가 무엇인지에 따라 달라진다. 사람들은 대부분 질이 더 중요하다고 생각하지만, 결정을 내리고 행동을 하는 문제에 있어서는 양이 우선이다.

가장 성공한 사람들(성공을 무엇이라고 정의하건 간에)은 처음부터 할 일을 완벽하게 해낸 사람들이 아니다. 경험을 통해 힘들게 배운 사람들이 가장 크게 성공한다.

가장 성공한 경영자라고 일컬어지는 사람들은 사업 실패나 말도 안 되는 아이디어를 실천해본 경험이 있다거나 듣기에도 안타까운 단점을 가지고 있다. 월트 디즈니, 헨리 포드, 도널드 트럼프, 데이브 램지, H. J. 하인즈, 래리 킹, 이 사람들은 모두 최고의 명성과 부와 성공을 거머쥐기 전에 파산을 경험했다.

누군가 커다란 성공과 명성을 거머쥐고 나면 우리는 그 사람의 현재 성공에 모든 관심을 집중하고 그를 성공으로 이끈 요인에 대해서 왜곡된 시각으로 바라본다. 우리는 그 사람이 굉장히 똑똑하기 때문에 성공했다고 생각하지만 실상 그는 단지 남들보다 훨씬 끈기를 발휘했을 뿐이다. 천재인 아인슈타인도 말하지 않았던가. "내가 아주 똑똑해서가 아니라 문제를 훨씬 오래 붙잡고 있었기 때문이다"라고.

인내심에는 도전하고 또 도전하는 용기 이상의 것이 필요하다. 우리는 접근법을 다듬어야 한다.

인생을 좌우하는 결정과 발전이라는 맥락에서 양과 질의 중요성을 따질 때는 '양은 질로 가는 길이다'가 가장 정확한 표현이다. 무언가를 아주 여러 번 반복해서 다듬어 개선하는 것이 첫 시도부터 완벽하고 꼼꼼하게 계획을 세울 때보다 훨씬 크게 성공할 수 있다. 이 말을 머리에 새겨야 한다. 질에 집착하는 사람은 결승점에

도달하기 위해서는 더 많은 양을 목표로 삼아야 하기 때문이다.

질과 양의 비교는 완벽주의 사고와 비완벽주의 사고를 비교하는 것과 똑같다. 완벽주의자는 질을 겨냥한다. 그들은 실수를 용납하지 않으며 처음부터 모든 것이 완벽하기를 원한다. 완벽하게 할 수 없다고 생각하면 아예 시작하지도 않는다. 비완벽주의자는 양을 겨냥한다. 그들은 첫 출발이 엉성해도 받아들인다. 다섯 번째 가서야 일이 제대로 진행되는 것 같아도 기쁘게 받아들인다. 잘 못할지라도 어쨌거나 할 수 있으면 포기하지 않고 진행한다.

당연한 말이지만 최종 결과를 말할 때는 질이 우선이다. 하지만 질에 집착할수록 '다듬기'라는 굉장히 중요한 과정이 방해를 받으면서(또는 건너뛰게 되면서) 오히려 질이 떨어질 수 있다.

베테랑 작가들은 훌륭한 글이 탄생하기 위해서는 쓰고 다듬는 과정을 계속 반복해야 한다는 사실을 잘 안다. 초고부터 걸작이 나오는 경우는 거의 없다. 어니스트 헤밍웨이는 "글쓰기는 쓰고 또 쓰는 것이다"라고 말했다. 이것 말고도 예는 무수히 많다.

- 여러 운동법과 웨이트, 운동량에 대해 신체가 보이는 반응을 관찰하면서 운동 계획을 다듬는다.
- 다양한 설명이나 농담, 질문, 주제, 보디랭귀지에 대한 반응을 관찰하면서 대화를 하고 사람을 사귀는 능력이 다듬어진다.

- 언어는 오랜 기간에 걸쳐 다듬어지며 계속 진화하고 표현도 다양해진다("대박, 저거 빅잼이야, 그치?")

    삶은 그 자체가 과정이다. 인생에서는 다 끝냈다고 생각할 수 있는 지점에 '도착하는' 일은 거의 없다. 우리는 언제나 움직인다! 어떤 사람이 20킬로그램 감량을 원한다고 치자. 그 목표를 달성하고 나면? 다시 원래대로 돌아갈까? 그러지 않기를 바란다. 그러면 목표를 달성한 의미가 무색해지기 때문이다. 어느 수준에 도달하고 나면 그 수준을 유지하는 것이 진짜 목표이고, '30일 완벽 행동 계획'을 세우는 것으로는 목표를 이루지 못한다. 완벽하지 않아도 장기적으로 목표를 향해 나아가는 행동을 꾸준히 유지할 수 있어야 한다(하루 한 번 팔굽혀펴기와 같은 작은 습관이 좋은 예다).

    질이 아니라 양에 반복해서 초점을 맞추면 일관성이 생겨나고, 일관성은 개인이 성장하는 밑거름인 습관을 이끌어준다. 어떤 행동을 열심히 반복해 습관으로 자리를 잡으면 잠재의식은 그 행동에 저항하지 않고 반갑게 맞이한다. 진정한 승리인 것이다. 목표 달성을 위한 '동기'를 얻으려 노력하는 사람들이 그토록 많다는 사실에 내가 눈살을 찌푸리는 이유가 납득이 가지 않는가? 우리에게 필요한 것은 시작만 창대할 뿐 금방 시드는 동기가 아니라 오랫동안 유지되면서 승리를 이끌어줄 습관이다.

많은 전문가가 꿈을 크게 꾸라고 조언하지만, 꿈이 크다고 해서 목표도 크게 잡아야 할 필요는 없다. 내 주위를 둘러봐도 나만큼 꿈을 크게 꾸는 사람은 별로 없지만(내 꿈은 엔터테인먼트 산업에 혁명을 불러오는 것이다), 나는 한눈팔지 않고 작은 크기의 목표에만 초점을 맞췄다. 내가 거창하고 완벽한 꿈을 내려놓은 후에야 비로소 나는 운동과 글쓰기와 책 읽기에서 내 꿈을 조금씩 실현할 수 있었다. 꿈을 크게 꾸는 것과, 꿈을 꾼다며 어마어마한 목표를 세우는 것을 혼동하지 말아야 한다. 작은 목표를 아주 여러 번 이루면 된다. 그러면 큰 꿈을 이룰 가능성도 최고로 높아진다.

 **핵심 솔루션**

결과를 예상하고 행동하지 않는 사람을 위한 3가지 행동 법칙

―

1. 예상하지 않기

어떤 행동을 해도 괜찮을지 의심적은 마음이 들고 부정적인 시나리오가 예상된다면 시나리오의 내용을 자세히 적어라. 예상되는 내용을 미리 적어두지 않으면 행동을 실천에 옮기기가 힘들기 때문이다. 그런 다음 그런 상황이 왔을 때 실험을 하고 실제 결과를 예상과 비교하라. 절벽에서 뛰어내리기 전에(이건 의심스러운 마음이 드는 게 당연한 행동이다) 안전한 행동부터 시작해보는 것도 나쁘지 않다. 낯선 사람에게 말을 걸거나, 피곤한데도 헬스클럽에 가거나, 동료에게 부탁하는 말을 건네보자.

2. 빠르게 결정하기 연습

하루에 한 번씩, 그날 계획과 관련이 있다고 생각하는 일 네 가지를 떠올리고(점심이나 저녁에 뭘 먹지? 지금 할 수 있는 일이 뭐지? 누구에게 전화를 걸어야 할까? 등) 종이에 재빨리 적는다. 선택할 내용을 떠올릴 때는 천천히 해도 되지만, 일단 종이에 적은 다음에는 그중 하나에 최대한 빨리 동그라미를 치자. 그때에도 적어도 이성적으로는 마음 편하게 선택했다고 생각해야 한다. 다른 선택지에는 힘있게 X 표시를 좍좍 긋는다. 선택하는 시간은 10초 미만이어야 한다. 어느 것에 동그라미를 치건 그날 하루는 선택한 내용을 충실히 지켜야 한다. 이 연습을 많이 할수록 비교적 사소한 일을 빨리 결정 내리는 것이야말로 인간이 발휘할 수 있는 가장 훌륭한 결정 중 하나라는 사실이 실감될 것이다.

3. 결과 분석하기

행동의 결과가 의심스러울 때에는 간단하게 결과를 분석해보는 과정을 거쳐라.

- **최악의 시나리오:** 최악의 결과를 생각하고 그 심각성에 1~10점 사이의 점수를 매긴다. 텃밭 가꾸기를 시작할 생각이라면 "내가 말벌을 밟는 순간 텃밭에 벼락이 떨어질지 몰라"와 같은 가정을 하는 것은 정말로 쓸모없다. 현실에서 벌어질 수 있는 최악의 시나리오를 가정하라.
- **최악의 결과가 나올 가능성:** 최악의 시나리오가 발생할 가능성에 점수를 매겨라(거의 불가능, 불가능, 50대 50, 가능, 가능성 아주 높음).

- **최상의 시나리오:** 최상의 시나리오를 떠올리고 그 영향에 점수(1~10점)를 매겨라. "깍지콩을 수확하고 있는데 하얀 원피스를 입은 아름다운 여자가 내게 다가올 거야" 같은 얼토당토않은 가정은 하지 말자. 현실에서 벌어질 수 있는 최상의 시나리오는 무엇이고, 얼마나 멋진 결과가 나올 것 같은가?
- **최상의 결과가 나올 가능성:** 최상의 시나리오가 발생할 가능성에 점수를 매겨라(거의 불가능, 불가능, 50대 50, 가능, 가능성 아주 높음).
- **가장 가능성이 높은 시나리오:** 실제로 벌어질 가능성이 가장 높은 시나리오는 무엇이고, 그렇게 된다면 기분이 어떨지 짐작해보라.

결과가 발생할 확률과 잠재적 행동이 미칠 영향을 추정해보라. 한 예로 자기 사업을 시작하는 경우라면 실패할 확률이 통계적으로도 매우 높다. 그러나 실패했을 때의 결과를 감당할 수 있다면 성공 가능성이 희박할지라도 그 결과로 앞으로의 인생이 영원히 바뀔 수 있다. 결과를 분석한 내용을 모호한 상태로 남겨두어서는 안 된다. 그랬다가는 고민 단계를 벗어나기가 힘들어질 것이다.

간단한 방법이 있다. 행동의 결과에 대한 의심이 타당한지 아닌지 알아보기 위해 종이에 자신의 결정과 짐작한 결과를 적으면 분석을 하기가 훨씬 쉬워진다. 또 결과를 해석하는 것도 중요하다. 결과를 해석한다는 것은 결과의 역할과 가능성을 해석한다는 의미다.

- 스케이트보드를 배운다고 할 때 최악의 시나리오는 팔이 부러지는 것일 수 있다. 심각성 점수에 9점(10점 만점)을 매긴다고 치자. 최상의 시나리오는 아주 재미를 느끼는 것이고 점수는 6점이다. 하지만 팔이 부러질 가능성은 굉장히 낮지만 최상의 시나리오가 실현될 가능성은 아주 높으면, 최악의 시나리오가 현실이 되었을 때의 심각성이 아무리 클지라도 웬만하면 위험을 감수하고 배우는 쪽을 택할 것이다. 보드를 탈 때 조심하기만 하면 된다.
- 복권을 살 때 최악의 시나리오는 1~2달러를 잃는 것이고(심각성 점수 1점) 최상의 시나리오는 거액에 당첨되는 것이다(10점). 위험과 보상만 생각한다면 복권을 사는 것도 꽤 괜찮은 아이디어다. 하지만 최악의 시나리오가(당첨되지 않음) 거의 보장된다는 점에서 복권 구입은 위험 대비 보상이 아무리 높을지라도 감당해도 괜찮은 위험이 아니다.

에필로그

이제 당신은 새롭게 시작하는 사람이 된다

"나는 이상하고 완벽하지 않은 것들 속에서
 언제나 아름다움을 발견한다. 그것들이 훨씬 흥미롭다."
- 마크 제이콥스

 인생은 일차선 일방통행로가 아니다. 인생은 제멋대로 뻗어 있고 무한경쟁이 펼쳐지는 장이다. A지점에서 출발해 B지점으로 가는 것이 목표라면 일직선으로 시원하게 뻗은 길만 고집해야 할 이유도 없고 심지어 그것이 최고의 선택이 아닐 수도 있다. 우리는 그동안 왕도가 존재한다고 믿으면서 다른 길을 걷는 것에는 절대 만족하지 못했다.

 나는 내 자신을 회복탄력성이 큰 사람이라고 생각한다. 이게 다 과거에 정신적으로 완전히 피폐해지는 경험을 겪은 덕분이다. 지금도 기억이 나는데, 심할 때는 아무 이유도 없이 침대 구석에 오도카니 앉아 몸을 벌벌 떨었다. 마음으로는 이러면 안 되는데 하면서도 나는 벌벌 떨었고, 그런 현실이 비참했다. 그러나 지금 돌이켜보면 그때의 경험이 나를 더 강한 사람으로 만들어주었고, 지름길에 대한 내 생각을 효과적으로 박살내주었다.

지독히 힘든 일을 겪고 나면 좀더 강해질 뿐만 아니라, 인생에서 최고의 선택을 간단히 정의할 수 없다는 사실도 깨닫게 된다. 마조히스트가 아닌 이상 고통을 즐겁게 받아들일 사람은 없다. 그러나 우리는 고통과 고생을 통해 가장 많이 배우고 성장한다.

무작정 가장 고통스러운 길로 뛰어들라는 것이 아니다. 아무리 최악으로 돌고 도는 길일지라도 거기에는 그만한 가치가 담겨 있다는 의미다.

모든 길에는 저마다 가치가 존재한다. 어떤 길은 다른 길보다 훨씬 평탄하고 수월하다. 그러나 최고의 길을 찾는 것보다는 전진하는 인생을 만드는 것이 훨씬 중요하다. 가장 최악의 선택은 두말할 필요 없이 아무 행동도 하지 않는 것이다. 완벽주의자는 아무 행동도 하지 않는 쪽을 선택할 때가 많다. 수만 갈래로 펼쳐진 길들 앞에서 완벽한 길을 찾아내기는 하늘의 별따기처럼 어렵기 때문이다.

우리는 목표를 추구할 때 도착하고 싶은 목표지점을 확실히 정해놓았을지라도 거기까지 가기 위한 여정을 밟는 과정 중에는 스스로에게 융통성을 부여해야 한다. 여행을 하는 동안 융통성을 가지고 끈기 있게 나아간다면 인생에서 원하는 많은 것들을 이룰 수 있다.

어차피 지금 이 순간에도 우리가 내리는 모든 선택은 완벽하지 않다. 그렇지만 불필요한 죄책감이나 자기 비난 대신 스스로에게 선택권을 주고 자신이 내린 결정을 마음 편하게 받아들인다면 인생이 좀더 풍요로워지지 않을까?

습관이 관점을 바꾼다

이 책에서 소개한 해결방법 중 상당수는 관점을 바꾸는 것과 관련이 있다. 그러나 관점의 변화는 하루아침에 이루어지지는 않는다. 그렇다면 세상을 보는 관점을 바꾸려면 우리는 어떻게 해야 할까? 다른 모든 변화가 그렇듯이 관점이 바뀌려면 행동을 동반한 연습을 정말 많이 해야 한다.

이런 정신적 변화를 행동으로 옮기기 위해 필요한 것은 매일 1분 (미만의) 시간을 들여 그 바꾸려 하는 관점을 심사숙고하는 것이다. 한 예로 처음에 나온 완벽주의 버리기 연습에서 신경 쓰는 부분을 바꿔야 한다고 조언했다. 따라서 관심을 쏟는 부분을 바꾸기 위해서는 잠깐 동안 자신이 어떤 부분에 초점을 맞추고 있는지를 떠올려야 한다. 이 기법이 강력한 효과를 발휘하는 데에는 이유가 있다. 정신적 변화는 아주 중요하지만 정신적 상태로만 머물러서는 실제로 채택하기가 힘든데, 관점을 심사숙고하는 연습은 이런 정신적 변화를 구체적이고 행동 가능한 무언가로 바꿔주기 때문이다.

시간이 흐를수록 우리는 새로운 사고방식을 의식적으로 더 많이 인식하게 되고, 결국에는 그것을 사고방식의 디폴트 값으로 채택한다. 매일매일 관점의 변화를 되돌아볼수록 우리는 그 관점에 따른 행동을 훨씬 많이 하게 되고 좋은 결과도 많이 보게 된다. 그러면서 새로운 관점은 우리의 정신 속에 단단히 뙈리를 튼다.

이런 관점의 변화를 위해서는 매일 1분씩의 작은 습관으로 삼을 것을 권한다(마인드 세팅과 관련이 있으므로 가능한 한 아침 일찍 하는 것이 좋다). 생각의 속도를 감안하면 1분은 한 가지 생각에만 할애하기에는 상당히 긴 시간이기는 하다. 그러나 그 정도면 단순하고 빠르게 진행할 수 있기 때문에 실패 없이 매일의 습관으로 자리 잡는 데에도 무리가 없다. 관점을 되돌아보는 행동을 1분 습관으로 삼으면 효과는 올라가고 노력과 희생은 내려간다.

한 가지 더 하고 싶은 말이 있다. 완벽주의를 완벽하게 피하려 애쓰지 않아도 된다! 우리의 목표는 물론 비완벽주의자가 되는 것이다. 그러나 자신이 과거의 잘못을 곱씹고 있거나 완벽주의자처럼 행동하고 있다고 해서 스스로에게 심판의 잣대를 들이대거나 자학을 해서는 안 된다. 자신에게 친절하고 인내심을 가지는 것도 비완벽주의의 일부다. 그리고 또 한 가지 명심할 점은, 절대로 죄책감을 동기부여의 수단으로 이용하지 말아야 한다.

전체적인 완벽주의건 부분적인 완벽주의건 하나하나 발생한 사건은 중요하지 않다. 우리가 그 사건에 보이는 반응이 중요하다.

응용을 위한 조언

이 책에는 완벽주의를 해결하기 위한 여러 방법이 담겨 있다. 그동안 나는 자기계발서를 읽을 때마다 해결책은 무수히 제시하면서도 실생활에 통합할 수 있는 기본 틀은 전혀 제공하지 않는다는 점이 굉장히 실망스러웠다. 내가 보기에는 선택과 통합의 기본 틀이야말로 실생활의 문제를 해결하기 위한 가장 중요한 부분인데도 말이다. 우리는 새로운 전략과 목표를 받아들이고 실행하기 위해서라도 나름의 체계적인 계획을 갖춰야 한다.

우리는 한 번에 몇 가지 목표를 추진할 수 있을까?

대답하기 쉽지 않은 질문이다. 게다가 목표마다 크기도 다 다르기 때문에 대답은 더욱 힘들어진다. 하루 1시간씩 피아노를 연습한다는 목표와 하루 1컵씩 물을 마신다는 목표는 똑같은 크기가 아니기 때문에 비교하기도 불가능하다. 게다가 우리는 어느 한 순간에도 수십 가지 일을 하고 싶은 마음이 들 수 있다. 이런 문제를 극복하는 기본적인 접근법은 무엇이 중요한지 우선순위를 매기고 한 번 할 때 얼마나 많이 할 수 있는지 가늠해보는 것이다. 그러나 우리는 자신의 끈기와 지구력을 과대평가하는 경향이 있다. 그렇기 때문에 목표를 세웠다가 작심삼일로 끝나는 경우가 허다한 것이다.

나는 작은 습관을 한 번에 네 가지 이상은 실천하지 말라고 권하고 있다. 그리고 이 책에 나온 해결책은 작은 습관을 만드는 것과 관련이 있다(작은 습관은 목표에 대해 자연스럽게 '비완벽주의' 관점을 기르는 방법인 동시에 우리의 행동방식을 바꾸기 위한 이상적인 방법이기도 하기 때문이다). 내가 지금까지 받은 여러 피드백은 한 번에 네 가지 이상은 작은 습관을 만들지 말라는 내 주장을 뒷받침해준다. 물론 작은 습관을 한 번에 대여섯 가지 이상 성공적으로 실천하고 있다는 사람들도 있다. 그러나 그들은 예외일 뿐 이것은 실패 확률이 훨씬 높다. 대부분의 사람은 두세 가지 작은 습관만 실천하는 것이 가장 좋다.

완벽주의자는 어떤 부분에 가장 노력을 기울일까? 완벽주의자는 한꺼번에 모든 것을 바로잡으려 노력한다. 그리고 당연히 실패한다. 비완벽주의의 핵심은 인내심이다. 하루아침에 모든 것이 달라질 수는 없다. 그러나 비완벽주의자로 변화해가는 과정을 즐길 수는 있을 것이다!

지나친 것은 생산성에 도움이 되지 않는다. 단순해야 한다! 그러나 이 책에 나온 해결책은 작은 습관을 만들기 위한 노력과는 조금 다르다. 해결책의 성격이 조금 다르니만큼, 새로운 작은 습관 전략이 필요하다. 바로 프로젝트성 작은 습관 전략이다.

프로젝트성 작은 습관

기본적으로 작은 습관을 추구하는 목적은 자신에게 중요한 분야에서 습관을 만들기 위함이다. 하지만 이미 도움이 되는 습관을 가지고 있고, 완벽주의 같은 다른 문제를 해결하기 위해 일종의 프로젝트나 실험 삼아 작은 습관을 원할 뿐이라면? 그 경우에는 프로젝성 작은 습관 계획을 이용할 수 있다.

작은 습관 계획이 아주 오랫동안 똑같은 행동을 반복해 습관을 기르는 것이 목표라면, 프로젝트성 작은 습관은 융통성이 있고 언제라도 변화가 가능하다. 일반적인 작은 습관이 하나의 습관을 발전시켜 인생을 개선하는 데 초점을 맞춘다면, 프로젝트성 작은 습관은 관련된 기술을 한데 묶어 종합적으로 발전을 도모하는 데 초점을 맞춘다는 특징이 있다. 이 책에 나온 완벽주의를 무찌르기 위한 22가지 해결책에는 프로젝트성 작은 습관을 적용하는 것이 가장 도움이 된다.

1. 실험을 거듭함으로써 우리는 자신의 완벽주의 성향을 바꾸는 데 더 도움이 될 접근법을 찾아낼 수 있다. 딱 세 가지 해결책만 선택해서 오랫동안 실천한다면 다른 더 효과적인 접근법을 놓칠 수 있다.
2. 사방에서 공격이 가해지면 완벽주의는 속절없이 무너진다. 우리가 바꾸려고 노력하는 것이 전반적인 마인드이기 때문이다. 완벽주의는 여러 갈래로 뿌리를 내리고 있지만, 체계적으로 공격하면 그 뿌리들을 도려낼 수 있다.

어느 날 문득 실수할지도 모른다는 염려를 떨쳐내기가 힘들다면 디지털 사고를 이용해 연습해야 한다. 또 어느 날은 인정받고 싶은 욕구가 사라지지 않을 수 있고 그러면 반항 연습으로 그런 욕구를 무찔러야 한다. 이렇게 매일 여러 접근법을 오가야 하는 것은 아니지만, 필요한 순간에 두 해결책을 한꺼번에 사용할 수 있으려면 일단 먼저 연습을 통해 경험을 쌓아야 한다.

이 전략은 벤저민 프랭클린의 '13가지 미덕'과 비슷하다. 프랭클린은 완벽해지기 위해 왕성한 의욕을 발휘했고 그 와중에 재미도 잃지 않으려 했다. 그는 진실성, 정의, 절제 등 13가지 미덕을 채택하고 한 주에 한 가지 미덕을 자기 것으로 정복하려고 노력했다. 다음 주에는 다른 덕목으로 넘어갈 수 있지만 그 주에는 일단 선택한 덕목을 성공적으로 자기 것으로 만드는 일에 매진했다. 어떤 때는 성공했고 어떤 때는 실패했지만 프랭클린은 그 과정에서 자신이 전체적으로 훨씬 나은 사람이 되었다고 말했다. 13가지 미덕에서 완벽해진다는 목표를 세웠지만, 모든 미덕을 한 번에 다 정복하려고 노력하지 않았다는 점에서 그는 비완벽주의자로서 목표를 추구한 것이나 마찬가지다.

사고방식 면에서는 '완벽한 비완벽주의자'가 된다는 목표에 도달하지 못하는 것이 더 도움이 된다. 프랭클린의 전략이 행동을 가능하게 해주는 작은 습관의 힘과 합쳐질 때 우리는 궁극적인 마음속 자유를 얻는다는 목표에 한 걸음 더 가까이 다가가게 된다. 다음과 같은 방법을 써보는 것도 괜찮다.

나는 큼지막한 달력을 이용해 작은 습관 실천 여부를 기록한다. 그날 하루 해야 할 작은 습관을 다 마쳤으면 달력에 체크 표시를 한다. 작은 습관을 시작한 지 몇 년이 되었고 하고 싶은 행동을 하지 못하게 나를 가로막곤 했던 처음의 저항감도 다 정복했기 때문에, 지금은 내가 어떤 식으로 시간을 쓰고 싶은지 선택할 수 있는 폭이 더 넓어졌고 어떻게 해야 현명하게 시간을 쓰는 것인지도 별로 힘들지 않게 알아낸다. 이제 나는 내 선택에 따라 소설이건 비소설이건 책이건 블로그 포스트건 게스트 포스트건 쓸 수 있다. 책을 읽을지 명상을 할지도 알아서 선택할 수 있고 둘 다 하기로 선택할 수도 있다. 아니면 한 가지 일에만 온전히 몰두하겠다고 결심할 수도 있다.

프로젝트성 작은 습관을 물리적 달력과 합쳐 이용하는 것이 가장 쉬운 방법이다. 그날 하루 하고 싶은 작은 습관을 달력에 적기만 하면 된다.

다음의 예를 보자.

5월 22일. 책 집필을 위해 매일 50단어 쓰기. 하루에 두 쪽씩 책 읽기.

22일에 체크 표시가 되고 이후에도 매일(마음먹은 작은 습관을 바꿀 때까지) 체크 표시가 된다면 정해놓은 작은 습관을 완료했다는 뜻이다. 당신이 이 책을 방금 다 읽었고, 평소에도 책 읽기와 글쓰기 습관은 이미 몸에 배 있고, 다음 한 달 동안 비완벽주의를 연습하고 싶어 한다고 가정해보자. 지금이 7월 1일이라고 치면 날짜 아래 다음과 같이 적는다.

1. 반항 행동 한 가지 연습하기.
2. 비완벽주의자로서 조심해야 할 목록을 1분 동안 생각하기.
3. 한 가지 목표에 디지털 사고 적용하기.

달리 변화가 없는 한 위의 세 가지 행동은 이제 당신의 새로운 작은 습관이 되어야 한다. 시작한 날로부터 하루도 빠짐없이 체크 표시가 돼 있다면 세 가지 작은 습관을 잘 지키고 있다는 뜻이다(그리고 5월 22일부터 지켜온 책 읽기와 글쓰기 습관은 7월 1일부터는 지켜야 할 작은 습관이 아니라는 뜻이다). 이 단순한 시각적 장치를 이용하면 적당하다 싶은 순간에 언제든 실천해야 할 작은 습관을 교체할 수 있다. 습관을 자주 바꾸면 완전히 몸에 밸 가능성은 줄어들지만, 대신에 폭넓은 범위의 기술을 연마할 수 있다는 점에서 비완벽주의자가 되기 위한 여러 방법을 연습하는 것과 마찬가지다.

프로젝트성 작은 습관은 어떤 행동을 습관으로 자리 잡게 만들고 싶은지 확신하지는 못하지만 다양한 행동을 탐구하고 실험하고 싶어 하는 사람에게도 상당히 좋은 방법일 수 있다. 마지막으로, 이 방법은 프로젝트를 다루듯 인생을 대하는 사람에게도(보통 기업가가 이런 모습을 많이 보인다) 딱 맞는 방법이다. 하루 50단어씩 쓴다는 작은 습관을 이용해 책을 출간하고 나면 그다음 프로젝트로 옮겨가 하루 한 가지 아이디어나 연구를 조사하는 습관을 실천할 수도 있다.

완수했는지 아닌지 표시할 수 있기 때문에 프로젝트성 작은 습관은 달력과(물리적 달력도 좋고 디지털 달력도 좋다) 함께 사용할 때 효과가 배가된다. 습관을 지켰는지 체크하는 달력은 습관 형성을 목표로 삼기 때문에 수시로 습관을 교체하기가 힘들다. 반면에 프로젝트성 작은 습관 전략은 완벽주의처럼 뿌리가 여러 갈래인 문제를 고치기 위해 실험을 하고 프로젝트를 완료하고 관련이 있는 여러 가지 작은 습관을 고루 해보는 데 최적화돼 있다. 작은 습관을 얼마나 자주 바꾸는가는 본인에게 달려 있다.

전체적인 완벽주의자라면 완벽주의를 만드는 다섯 가지 하위 척도에 대한 해결책을 한 번에 하나씩 골라 한 주 동안 해보고 나머지 한 주는 전체적인 비완벽주의 행동을 해볼 것을 권한다. 이러면 사이클 한 번을 완료하는 데 총 6주가 걸린다. 6주 프로젝트를 마치고 나면 각 해결책이 본인에게 얼마나 효과가 있는지 이해할 수 있다. 한 분야의 해결책이 다른 분야 해결책보다 실천하기가 힘들다면 자신에게 맞게 조정해도 된다. 이를테면 과거 곱씹기를 위한 해결책에서는 1주가 아니라 2주 동안 행동에 옮겨도 상관없다.

새로운 시작

이제 우리는 끝의 끝에 도착했다. 그러나 이 책의 끝이 여러분에게는 신나는 변화의 시작이 될 수 있다. 본문에서 거듭 예로 들며 설명했듯이 나는 이런 변화가 내 인생에 미친 힘을 직접 체험했다. 당신도 똑같은 힘을 경험하게 될 거라고 확신한다.

비완벽주의자는 모순에 휩싸여 완벽한 인생을 바라거나 하지 않는다. 다만 더 행복하고 더 건강하며, 중요한 일을 할 때는 더 생산적으로 움직일 뿐이다. 완벽주의가 한계라면 비완벽주의는 자유다. 이 책에 나오는 해결방법들을 한 번 시험해보고 비완벽주의자로 변모하는 과정에 들어설 것을 강력히 권한다. 아마도 자신이 이룬 성과에 큰 기쁨을 느끼게 될 것이다.

앞으로의 여정에 행운이 가득하기를 바라며
스티븐 기즈

주

1. Merriam-Webster.com. 'Perfectionism' | N.p., 2015. Web. 9 May 2015.
2. FMPS; Frost, Marten, Lahart, & Rosenblate(1990). 'Cognitive Therapy and Research', 14: 449-568.
3. Hewitt, Paul L. et al. 'The Multidimensional Perfectionism Scale: Reliability, Validity, And Psychometric Properties In Psychiatric Samples.' 〈Psychological Assessment〉 3.3(1991): 464-468.
4. Hill, Robert W. et al. 'A New Measure Of Perfectionism: The Perfectionism Inventory.' 〈Journal of Personality Assessment〉 82.1(2004): 80-91.
5. Oprah.com,. 'Why Brene Brown Says Perfectionism Is A 20-Ton Shield.' N.p., 2015. Web. 10 May 2015.
6. Fry, P. S., and D. L. Debats. 'Perfectionism And The Five-Factor Personality Traits As Predictors Of Mortality In Older Adults.' 〈Journal of Health Psychology〉 14.4(2009): 513-524.
7. Blatt, Sidney J. 'The Destructiveness Of Perfectionism: Implications For The Treatment Of Depression.' 〈American Psychologist〉 50.12(1995): 1003-1020.
8. Flett, Gordon L., Paul L. Hewitt, and Marnin J. Heisel. 'The Destructiveness Of Perfectionism Revisited: Implications For The Assessment Of Suicide Risk And The Prevention Of Suicide.' 〈Review of General Psychology〉 18.3(2014): 156-172.
9. Blatt, 'The Destructiveness Of Perfectionism' (1995)
10. Hamachek, Don E. 'Psychodynamics of Normal and Neurotic Perfectionism.' 〈Psychology: A Journal of Human Behavior〉(1978): n.p. Web. 10 May 2015.
11. Greenspon, Thomas. '"Healthy Perfectionism" Is an Oxymoron!'. Davidsongifted.org. n.p., 2000. Web. 10 May 2015.

12. Pacht, Asher R. 'Reflections On Perfection.' ⟨American Psychologist⟩, 39,4(1984): 386-390.
13. Greenspon, "Healthy Perfectionism"(2000).
14. Nielsen.com, 'Shifts in Viewing: The Cross-Platform Report Q2 2014.' N.p., 2014. Web. 8 May 2015.
15. Biswas, Aviroop et al. (2015) 'Sedentary Time and its Association with Risk for Disease Incidence, Mortality, and Hospitalization in Adults.' ⟨Annals of Internal Medicine⟩, 162,2: 123. Web.
16. Morrow, Jon. 'Make Money Blogging: 20 Lessons Going to $100K per Month.' Boost Blog Traffic. N.p., 2014. Web. 8 May 2015.
17. Nytimes.com,. 'To Err Is Human, And Maybe Also Psychologically Healthy.' N.p., 2011. Web. 10 May 2015.
18. New England Patriots, 'Game Notes: Patriots Have Won 72 Straight Home Games When Leading At Half. N.p.', 2014. Web. 10 May 2015.
19. Neal, David T., Wendy Wood, and Jeffrey M. Quinn. 'Habits - A Repeat Performance.' ⟨Current Directions in Psychological Science⟩ 15,4(2006): 198-202.
20. Cuddy, Amy. 'Your Body Language Shapes Who You Are.' Ted.com. N.p., 2012. Web. 11 May 2015.
21. Cuddy 'Your Body Language Shapes Who You Are.'(2012)
22. Wendy Wood et al., 'Habits—A Repeat Performance.' (2006)
23. Corson-Knowles, Tom. '아마존 킨들 베스트셀러 경쟁력 카테고리 톱100 목록(List Of The Top #100 Most Competitive Amazon Kindle Bestseller Categories)' TCK Publishing. N.p., 2014. Web. 11 May 2015.
24. Graber, Cynthia. 'Snake Oil Salesmen Were On To Something.' Scientificamerican.com. N.p., 2007. Web. 11 May 2015.
25. Swanson, D., R. Block, and S. A. Mousa. 'Omega-3 Fatty Acids EPA And DHA: Health Benefits Throughout Life.' ⟨Advances in Nutrition: An Interna-

tional Review Journal〉 3.1(2012): 1-7.

26. NPR.org,. 'A History Of "Snake Oil Salesmen".' N.p., 2013. Web. 11 May 2015.
27. Oxforddictionaries.com,. 'Lever: Definition Of Lever In Oxford Dictionary (American English)(US).' N.p., 2015. Web. 11 May 2015.
28. Forgas, J. P., Kipling D., Williams, & Laham, S. M.(2005). 『Social Motivation: Conscious and Unconscious Processes』 Cambridge, UK: Cambridge UP, 64. Print.
29. Luttrell, Marcus (2007-06-12). 『외로운 생존자(Lone Survivor: The Eyewitness Account of Operation Redwing and the Lost Heroes of SEAL Team 10)』(p. 135). Little, Brown and Company. Kindle Edition.
30. Pychyl, Timothy. 'The Pernicious Perils Of Perfectionism.' 〈Psychology Today〉. N.p., 2010. Web. 11 May 2015.
31. Kahneman, D. (2011-10-25). 『생각에 관한 생각(Thinking, Fast and Slow)』(p. 112). Farrar, Straus and Giroux. Kindle Edition.
32. The Pomodoro Technique®,. 'GET STARTED -'. N.p., 2015. Web. 12 May 2015.
33. Stats.oecd.org,. 'Average Annual Hours Actually Worked Per Worker.' N.p., 2015. Web. 11 May 2015.
34. Epley, Nicholas, and Juliana Schroeder. 'Mistakenly Seeking Solitude.' 〈Journal of Experimental Psychology: General〉 143.5(2014): 1980-1999.
35. Frost, R. O., Trepanier, K. L., Brown, E. J., Heimburg, R. G., Juster, H. R., Leung, A. W., and Makris, G. S. (1997). 'Self-Monitoring of Mistakes among Subjects High and Low in Concern over Mistakes.' 〈Cognitive Therapy and Research〉, 21, 209-222.
36. Brown, E. J. et al. 'Relationship of Perfectionism to…'
37. Goldman, Matt, and Justin Rao. 'Effort Vs. Concentration: The Asymmetric Impact Of Pressure On NBA Performance.' N.p., 2012. Web. 8 Feb. 2015.

38. Hewitt, Paul L., Gordon L. Flett, and Evelyn Ediger. 'Perfectionism Traits And Perfectionistic Self-Presentation In Eating Disorder Attitudes, Characteristics, And Symptoms.' 〈International Journal of Eating Disorders〉 18.4(1995): 319.
39. Thompson, T., Foreman, P., and Martin, F.(2000), 'Impostor Fears and Perfectionistic Concern over Mistakes,' 〈Personality and Individual Differences〉, 29(4)(October), 629 – 647. doi:10.1016/s0191-8869(99)00218-4.
40. Goldsmith, Donald, and Marcia Bartusiak. 『E=Einstein』(2006) New York: Sterling Pub. Co.,: p. 258. Print.
41. Thompson et al. 'Impostor Fears.'
42. Sakulku, Jaruwan, and James Alexander. 'The Impostor Phenomenon.' 〈International Journal of Behavioral Science〉 6.1(2011): 84. Web. 8 Nov. 2014.
43. Sakulku et al. 'The Impostor Phenomenon.'
44. Frijda, Nico H. 'The Laws Of Emotion.' 〈American Psychologist〉 43.5(1988): 349-358.

옮긴이 조성숙

세상의 흐름과 사람들의 움직임을 탐구하고 예측하는 책들에 매력을 느껴 10년 넘게 경제경영과 심리학 분야의 서적을 전문으로 번역하고 있다. 옮긴 책으로는 『토니 로빈스의 머니』, 『피터 드러커의 매니지먼트』, 『모닝스타 성공투자 5원칙』, 『핫스팟』, 『이성의 동물』, 『투자자의 뇌』, 『일의 미래』 등이 있다.

지금의 조건에서
시작하는 힘

1판 1쇄 2015년 12월 21일
1판 3쇄 2016년 1월 26일

지은이 스티븐 기즈
옮긴이 조성숙
펴낸이 김정순
책임편집 오세은
디자인 김수진
마케팅 김보미 임정진 전선경

펴낸곳 (주)북하우스 퍼블리셔스
출판등록 1997년 9월 23일 제406-2003-055호
주소 04043 서울시 마포구 양화로 12길 16-9 (서교동 북앤드빌딩)
전자우편 editor@bookhouse.co.kr
홈페이지 www.bookhouse.co.kr
전화번호 02-3144-3123
팩스 02-3144-3121

ISBN 978-89-5605-461-2 13190

이 도서의 국립중앙도서관 출판시도서목록(CIP)은 서지정보유통지원시스템 홈페이지(http://seoji.nl.go.kr)와 국가자료공동목록시스템(http://www.nl.go.kr/kolisnet)에서 이용하실 수 있습니다.
(CIP제어번호: CIP2015033383)